Jochen Duderstadt

# In dubio torero

## Wörterbuch für Rechtsgelehrte und Rechtsuchende

*Mit Zeichnungen*
*von Lothar Reinhardt*

Eichborn.

Der Autor ist Rechtsanwalt und Notar mit Praxis in Northeim.
Er ist in erster Ehe verheiratet, hat zwei Kinder und lebt in Göttingen.

Die Deutsche Bibliothek – CIP-Einheitsaufnahme

Duderstadt, Jochen:
In dubio torero : Wörterbuch für Rechtsgelehrte und Rechtsuchende /
Jochen Duderstadt. –
Frankfurt am Main : Eichborn, 1996
ISBN 3-8218-1382-2


Covergestaltung: Stephanie Weischer
Redaktion: Julia Bauer (Ariadne Buchkonzeption)
Herstellung: H + G Lidl, München
Satz: Fotosatz & Repro Völkl
Producing: Christine Proske (Ariadne Buchkonzeption)
Bilder: Lothar Reinhardt
Druck und Bindung: Fuldaer Verlagsanstalt
ISBN 3-8218-1382-2

Verlagsverzeichnis schickt gern:
Eichborn Verlag, Kaiserstr. 66
D-60329 Frankfurt/Main

# Vorwort

Die juristische Fachsprache ist tückisch. Beim ersten flüchtigen Hinhören klingt sie, weil arm an Fremdwörtern, auf vertraute Weise deutsch. Wer genauer zuhört, versteht aber nur wenig, weil viele bekannte Wörter – etwa »Klage«, »Gehilfe« oder »erfordern« – für Juristen einen ganz anderen Sinn haben als für normale Menschen. Andere Begriffe ähneln zwar denen aus der Umgangssprache, z. B. »streitig«, bleiben aber gleichwohl völlig unverständlich. Das irritiert den Laien und beschämt ihn womöglich auch noch, was bei der Lektüre von Medizinerchinesisch nie der Fall wäre.
Der SPD-Politiker und Einser-Jurist Hans-Jochen Vogel bemerkte einmal im Fernsehen zu einer Gesetzesinitiative, da gäbe es nichts zu *erinnern*, worauf der Tagesschau-Sprecher natürlich gleich über das Gedächtnis der Partei herziehen mußte. Dabei hatte Vogel nur vergessen, seinen inneren Sprachcomputer von Juristen- auf Politikerjargon umzuschalten. Für Juristen ist »Erinnerung« ein Rechtsbehelf mit dem Ziel, eine vom Rechtspfleger getroffene Entscheidung verbessern zu lassen. Im Klartext: Er wollte nicht auf die Alzheimer-Krankheit seiner Genossen anspielen, sondern sich nur mit einer Gesetzesvorlage einverstanden erklären.
Um die juristischen Laien ein wenig gegen derartige Mißverständnisse zu wappnen und sie zugleich zu unterhalten, zu amüsieren oder auch zu provozieren, wurde dieses Wörterbuch aus der Perspektive eines Insiders geschrieben.
Erwartungen in puncto »political correctness« (pc) dürften nicht erfüllt werden, obwohl der Text auf einem PC entstanden ist. Für manchen Leser mögen die Erklärungen des juristischen Vokabulars deshalb misanthropisch oder gar zynisch daherkommen. Das hat seine Gründe:
Deckungsgleich mit dem beruflichen Weg aus dem Himmel der Theorie in die niederen Gefilde der Praxis und von dort aus weiter in die Steppen der Routine verläuft der Verlust des positiven Menschenbildes zugunsten eines eher skeptischen und negativen. So ergeht es nicht nur Juristen, sondern auch Politikern, Pädagogen, Psychologen, Ärzten, Sozialarbeitern und anderen, die ständig mit Menschen zu tun haben.
Nun war es schon immer etwas einfacher, die Menschheit, das Proletariat, das Volk, die Ausländer, die Männer, die Frauen und die Kinder ganz generell zu lieben als ein konkretes Gegenüber, einen bestimmten Proletarier, Deutschen oder Asylbewerber, einen Mann mit bebender Bierwampe, der seine Frau obszön beschimpft, eine Frau, die um Mitternacht anruft, oder ein fremdes Kind. Es gilt aber, diese billige und leicht entflammbare Leidenschaft für eine abstrakte Gattung abzulegen und sich dem vielfach weniger sympathischen

Individuum zuzuwenden. Denn die Erkenntnis, daß jeder Mensch – spätestens, wenn er in einen Rechtsstreit verwickelt ist – das Zeug zum Schweinehund hat, bietet eine verläßliche Grundlage für die Fortdauer der Menschenliebe. Erst wenn man gegen die Illusion gefeit ist, jeder sei von Natur aus gut, erkennt man im anderen sich selbst wieder.

**Abfindung**
Aus Arbeitgebersicht ist die Abfindung der Preis, der gezahlt werden muß, um einen unerträglich gewordenen Versager, Nörgler oder Faulpelz loszuwerden. Aus der Sicht des abhängig Beschäftigten stellt sie einen Versuch dar, ihm den unveräußerlichen Arbeitsplatz für eine lächerliche Summe abzukaufen.
Die Faustformel für die Abfindungshöhe lautet: Halbes Monatsbruttogehalt mal Betriebszugehörigkeit in Jahren. Die Abfindung kann aber auch bis zu 18 Monatsgehälter betragen (§ 10 II Kündigungsschutzgesetz).

**Abmahnung**
So heißt die *gelbe Karte* im Arbeits- und Mietrecht. Sie setzt ein vertragswidriges Verhalten des Arbeitnehmers/Mieters voraus, beispielsweise Trunkenheit am Arbeitsplatz bzw. permanente Störung des Hausfriedens, und beinhaltet die Kündigungsandrohung für den Wiederholungsfall. Kündigungen ohne vorausgegangene Abmahnung sind nur bei besonders krassem Fehlverhalten begründet – etwa Verprügeln des Chefs oder Vermieters.

**Abnahme**
Mag sein, daß die Abnahme so heißt, weil der gutgläubige Kunde dem Handwerker dessen ungerührt vorgetragene Lüge abnimmt, bei dem von ihm produzierten Schund handele es sich um Wertarbeit.
Offiziell bezeichnet sie im Werk- und Bauvertragsrecht die körperliche Hinnahme des Werks mit der – oft unausgesprochenen – Erklärung, es sei vertragsgemäß.

**Abschlagszahlung**
Insbesondere Bauhandwerker verlangen gerne eine Abschlagszahlung auf ihre »Werklohnvergütungsforderungen«: Es handelt sich dabei um einen Vorschuß, der später von der Schlußrechnung abgeht. Leistet der Kunde ihn, hat der Handwerker genug Geld, um Material zu kaufen, mit dem er das nächste Haus verpfuschen kann.

**Abschreibungen im Steuerrecht**
Derartige Abschreibungen bedeuten zum Glück nicht, daß man für das Finanzamt die Steuererklärung noch einmal handschriftlich kopieren muß, wenn sie fehlerhaft ist. Sonst hätten wir alle viel zu tun.
Von einer Abschreibung für Abnutzung (AfA) spricht man vielmehr, wenn man einen bestimmten Prozentsatz der Anschaffungskosten eines Wirtschaftsguts vom zu versteuernden Einkommen abziehen darf. Die Abschreibungssätze haben mit der Lebensdauer des Neukaufs nichts zu tun.
Zwei Beispiele: Sogenannte geringwertige Wirtschaftsgüter (bis 800 DM netto in 1996) können im Anschaffungsjahr voll abgesetzt werden, sind aber nach Ablauf des Steuerjahrs keineswegs im Eimer. Schiffsbeteiligungen lassen sich sogar zu 128,9 Prozent (§ 82f EStDV in Verbindung mit § 52 Abs. 19 EStG) Gesamt-Verlustzuweisung absetzen, als bestünde die Möglichkeit, daß Pötte mehr als einmal sinken.

**Abschreibungen im Unterhaltsrecht**
Sie laufen nicht auf steuerliche Phantasiequoten hinaus, sondern orientieren sich – da das Unterhaltsrecht mit dem Steuerrecht so viel zu tun hat wie Uran mit Urin – an der betriebsgewöhnlichen Nutzungsdauer.
Beispiel: Hat eine Maschine 50.000 DM gekostet und hält voraussichtlich zehn Jahre lang, kann man vom vorläufigen Jahresgewinn 5.000 DM abziehen (lineare Abschreibung). Alsdann sind Einkommensteuer und Aufwendungen für Krankheits- und Altersvorsorge in Abzug zu bringen. Den traurigen Rest nennt man »unterhaltsrelevantes Nettoeinkommen«.

**Abstraktionsprinzip**
Dieses wunderschöne Prinzip, das bei Erstsemestern und Laien heftiges Haareraufen auslöst, erklärt die Unabhängigkeit des schuldrechtlichen Verpflichtungsgeschäfts (Vertrags) vom dinglichen Erfüllungsgeschäft (Eigentumsübertragung).
Der Kauf einer Schachtel Zigaretten zerfällt demnach in drei Rechtsgeschäfte:
- die Verpflichtung, Geld zu zahlen und das Päckchen zu liefern,
- die Übertragung des Geldes auf den Verkäufer,
- die Übertragung der Zigaretten auf den Käufer.

Schon nach dem zweiten Semester begreift allerdings kein deutscher Jurist mehr, wie man ohne Abstraktionsprinzip auskommen soll.

**Abtreibung**
So nennt sich die etwas spät angewendete Methode der Familienplanung. Ohne Beratung ist sie strafbar. Mit Beratung leider auch, denn wenn das Beratungshindernisrennen zu Ende geht, hat der Fötus vielfach bereits die Zwölfwochenfrist überstanden und muß oder darf ungestört weiterwachsen.
Ob wir wollen oder nicht – alles bleibt wie gehabt. Wer sich nicht volltexten lassen will, fährt nach Holland.

**Abzahlungsgeschäfte**
Sie sind die Frucht des genialen Gedankens, daß zwei Verträge besser sind als gar keiner: Droht ein Kaufvertrag wegen mangelnder Liquidität des Käufers zu scheitern, dreht man dem Kunden zusätzlich einfach noch einen Darlehensvertrag an.

**Abzugsmethode**
Die Abzugsmethode (auch Anrechnungsmethode oder Subtraktionsmethode genannt) ist eine der frauenfeindlichsten Kopfgeburten zu dem Unterhaltsrecht. Sie besagt, daß das nach der Trennung erstmals erzielte eigene Einkommen der Frau – vermindert um trennungsbedingten Mehrbedarf und Erwerbstätigenbonus – von der Drei-Siebtel-Quote des Manneseinkommens (→ Differenzmethode) abgezogen wird, sprich: Der Unterhaltsanspruch geht flöten. Rechtzeitig beratene Frauen drücken sich nach der Trennung folgerichtig vor bezahlter Arbeit.

**Adoption**
Unfehlbare Methode, sich über fremde statt über eigene Kinder zu ärgern. Wer ein Kind adoptieren will, braucht zum allermindesten die Einwilligung der leiblichen Mutter. Der Vater, soweit bekannt, stimmt oft bereitwillig zu, um Unterhaltspflichten loszuwerden. Sobald das Kind adoptiert ist, fällt es aus allen familienrechtlichen Bindungen zur Ursprungsfamilie heraus und ist gegenüber dem annehmenden Elternteil unterhalts- und erbberechtigt.

**AfA** → Abschreibung

**Akkordarbeit**
Akkord ist Sport, wußten schon unsere Altvorderen. Diese Disziplin wird, wie nur wenige wissen, vor dem Familiengericht ausgetragen, wenn es darum geht, ob der Akkordlohn zur Unterhaltsverteilungsmasse gehört, also zu dem Pott, aus dem die Unterhaltsberechtigten gespeist werden:
Wenn sie berufs- oder branchenüblich ist, ja.
Ist sie ungewöhnlich oder bringt sie nachweisbar im Einzelfall konkrete gesundheitliche Beschwerden mit sich, so ist zu prüfen, ob mit der Akkordarbeit der Notunterhalt sichergestellt wird. Wenn ja, gehört der Erlös zur Unterhaltsverteilungsmasse, wenn nein, bleibt er außen vor.

**Aktiengesellschaft**
Sollte in Als-ob-Gesellschaft umbenannt werden: Der Vorstand tut so,

als ob ihm die Dividende der ihm unbekannten Aktionäre wichtig sei, der Aufsichtsrat, als ob er den Vorstand kontrolliere, und die Anlageberater der Banken, als ob die Aktie eine seriöse Kapitalanlage darstelle.

**Aktivvermögen**
Teil des Gegensatzpaars Aktivvermögen/→ Passivvermögen.
Dabei ist nichts passiver als das Aktivvermögen: Es liegt starr und stumm als Festgeld im Banktresor, als Schwarzgeld im Mini-Safe des Einfamilienhauses oder als Aktienpaket im Tresor. Manchmal steht es auch als Immobilie in der Landschaft herum.

**Alkohol am Steuer**
Ist nicht schlimm – kann man ja abwischen.
→ Trunkenheit im Straßenverkehr ist schon bedenklicher.

**Alleinverdienerehe**
Das traditionelle Eheidyll: Drinnen nörgelt die züchtige Hausfrau, draußen geht der Mann malochen.

**Altenteil**
Bescheidene Gegenleistung für Übertragung von Haus und gegebenenfalls Hof an Erben, die den Todesfall nicht abwarten können: in der Regel Wohnrecht, Pflegeleistungen, Taschengeld und Naturalleistungen (in dieser Kombination auch Leibzucht oder Leibgeding genannt). Das Altenteil wird geregelt per → Übergabevertrag.

**Altersunterhalt**
Der Altersunterhalt mutet dem alleinverdienenden Geschiedenen nacheheliche Solidarität ad infinitum zu: Wer nach der Scheidung, nach Auslaufen des Betreuungsunterhalts oder des Krankheitsunterhalts so alt ist, daß von ihm eine Erwerbstätigkeit nicht mehr erwartet werden kann, holt diesen Reserveanspruch aus dem Hut. Der Altersunterhalt schließt die zeitliche Lücke zwischen dem Ende der Kinderbetreuung und der Versorgungsausgleichsrente. Damit kein Geschiedener denkt, er wäre seinen Exehepartner irgendwann einmal los.

**Altersvorsorgeunterhalt**
Der Altersvorsorgeunterhalt (§§ 1361 I 2, 1578 III BGB) sichert der Hausfrau ab Beginn des Scheidungsverfahrens Beitragszahlungen des Ehemannes in ihre Rentenversicherung oder Lebensversicherung zu, damit sie eine eigene, über den Versorgungsausgleich hinausgehende Altersversorgung aufbauen kann.
Der Vorsorgeunterhalt ist zweckgebunden: Verwendet die Frau ihn nicht für ihre Alterssicherung, sondern für den laufenden Unterhalt, läßt sich unter dem Gesichtspunkt einer fehlgeschlagenen Prognose des Gerichts eine Abänderungsklage geltend machen. Die Folge: Der Vorsorgeunterhalt fällt für die Zukunft unter den Tisch.
Die in der Vergangenheit gezahlten und mißbrauchten Beträge sind aber nicht rückforderbar (wer's nicht

glaubt: BGH FamRZ 1987, 684, 686 und OLG Celle FamRZ 1992, 690, 694).

**Amtsgerichte**
Diese bilden die unterste Ebene der sogenannten ordentlichen Gerichtsbarkeit. Die anderen (Arbeits-, Sozial-, Verwaltungs- und Finanzgerichtsbarkeit) nennt man Fachgerichtsbarkeiten; sie sind übrigens keineswegs unordentlich.
Amtsgerichte beackern ein weites Feld: Zivilrecht, Familienrecht, Ordnungswidrigkeiten und Strafsachen.
Geht es im Zivilrecht um nicht mehr als 1.500 DM, ist es wie beim Jüngsten Gericht: Es gibt keine Rechtsmittel. Allerdings gestaltet sich auf Erden die Rechtslage komplizierter.
→ Instanzenzug

**Amtsnotare**
Sie gibt es nur in Baden. Es handelt sich dabei um verbeamtete Notare. Die Folge: Sie lassen den Klienten warten und behandeln ihn mit limitierter Freundlichkeit. Entwürfe werden in der Regel nicht versandt.
→ Anwaltsnotare
→ Nurnotare

**Anerkennenswerter Lebensbedarf**
Hilfskriterium, mit dem sich die Unterhaltsrechtler herumschlagen müssen, weil der BGH die → Sättigungsgrenze, also ein oberes Limit für den Unterhaltsanspruch, verneint. Ab ca. 15.000 bis 20.000 DM unterhaltsrelevantem Nettoeinkommen stellen die Gerichte eine konkrete Bedarfsberechnung an, ohne eine Quote zu ermitteln.
Aber wieviel braucht der Mensch nach der Scheidung?
Eigentlich so viel, wie »für die Aufrechterhaltung des bis zur Scheidung erreichten Lebensstandards erforderlich« ist (so das OLG Köln). Also eine Garantie für Saus und Braus? Nicht ganz. Zwei Schranken werden gesetzt:
»Der Unterhaltsanspruch ist auf diejenigen Mittel zu beschränken, die eine Einzelperson auch unter Berücksichtigung hoher Ansprüche für den anerkennenswerten Lebensbedarf sinnvoll ausgeben kann.«
Damit haben sich die Richter schön was eingebrockt: Jetzt müssen sie verobjektivieren, was anerkennenswert und sinnvoll ist.

**Anfangsvermögen**
Bezeichnung für den Vermögenssaldo am Tag der standesamtlichen Trauung, dem sogenannten Anfangsvermögensstichtag.
Das Mindestanfangsvermögen liegt allerdings bei Null. Niemand startet güterrechtlich im Minus.
Auch Schenkungen, die während des Güterstandes gemacht werden, sind dem Anfangsvermögen mit dem Wert ihres Erwerbszeitpunkts gutzuschreiben (privilegierte Schenkungen). Berücksichtigt werden hier nur die *Schenkungen Dritter*, nicht jedoch Schenkungen der Eheleute untereinander.

Beim Zugewinnausgleich kommt es darauf an, das Anfangsvermögen hochzupushen, um den Zugewinn, also den Unterschiedsbetrag zwischen Anfangs- und Endvermögen zu mindern. Doch ach! Wer kennt am Ende noch sein Anfangsvermögen? Wie der Dichter schon treffend sagt: »Im Augenblick der Lust / Denkt man selten zweckbewußt.«

**Anhörungsbogen**
Diesen meist hellblauen Wisch bekommt der → Betroffene von der Bußgeldstelle mit der Aufforderung, auf der Rückseite unter anderem anzugeben, ob er es war oder nicht. Inhaltlich ein genialer Zug der Exekutive: Aus dem verfassungsmäßig verbürgten Recht auf rechtliches Gehör wird in der Praxis die vermeintliche Pflicht, sich zur Sache zu äußern. Kleiner Tip: Weder »ja« noch »nein« ankreuzen!

**Anlage U**
Dabei handelt es sich um ein unscheinbares Blatt, das zur Einkommensteuererklärung gehört und eine der begehrtesten Unterschriften unseres Rechtssystems vorsieht: nämlich die, mit der sich die geschiedene Ehefrau bereit erklärt, den Unterhalt zu versteuern. Das ermöglicht es dem Mann, die für sie – nicht auch für die Kinder – bestimmten Unterhaltszahlungen bis zu 27.000 DM jährlich als Sonderausgaben von der Steuer abzusetzen. In aller Regel verlangt die Exehefrau für ihre Kooperation eine Verpflichtungserklärung seinerseits, ihren eventuellen Steuernachteil auszugleichen. Dieses nennt sich dann »begrenztes Realsplitting«. Die Zustimmung gilt für die Dauer von fünf Jahren (Dauerzustimmung).

**Anrechnungsmethode** → Abzugsmethode

**Anwaltsnotare**
Anwaltsnotare üben gleich *beide* Berufe aus. Eine Doppelfunktion wie die von Gewerkschafter und Schlichter oder von Stürmer und Schiedsrichter. Deshalb haben alle Anwaltsnotare einen kleinen, für die Klientel unsichtbaren Schalter hinter dem Ohr, den sie von der Stellung »kämpferisch und parteiisch« auf »objektiv und unparteiisch« umlegen. Vergißt der Anwaltsnotar ein einziges Mal, den Schalter umzustellen, ist er seinen gefährlichen Job los.

**Anwaltsschwemme** → Juristenschwemme

**Arbeitsgerichte**
Spezialzweig der Justiz, der vornehmlich damit befaßt ist, den Verkauf von Arbeitsplätzen (Job gegen Abfindung) zu beaufsichtigen.

**Aufhebungsversteigerung**
→ Geringstes Gebot
→ Zuschlag

**Aufstockungsunterhalt**
Verpflichtung des geschiedenen Part-

ners, dem/der »Ex« noch etwas draufzulegen, bloß weil diese(r) weniger verdient.

**Auskunftsanspruch**

Derartige Auskunftsansprüche gibt es unter anderem im Hausratsteilungsverfahren, im Unterhaltsrecht, beim Zugewinnausgleich sowie im Erbrecht.

Der Schuldner des Auskunftsanspruchs ist stets schwer gekränkt und tut so, als zwinge man ihn, die Hose runterzulassen.

**Bedarfskontrollbetrag** → Düsseldorfer Tabelle

**Bedingter Vorsatz** → Vorsatz

**Befangenheit**
Richter müssen objektiv, unparteiisch und unbefangen gegenüber den Prozeßparteien bzw. dem Angeklagten sein. Ablehnungsgesuche wegen »Besorgnis der Befangenheit«, wie es in schönstem Juristendeutsch heißt, hatten in folgenden Fällen Erfolg:
- Vorwurf an den Angeklagten, er lüge unverschämt,
- Niederkritzeln der Urteilsformel vor dem Plädoyer des Verteidigers,
- Kennzeichnung eines prozessual zulässigen Vorbringens einer Partei als »Kinkerlitzchen«,
- Äußerung gegenüber einer Partei, ihre Anträge gehörten in den Papierkorb,
- Äußerung des Richters in der Verhandlung, er sei eigentlich nicht verpflichtet, sich jeden Blödsinn anzuhören,
- Erklärung der Richterin gegenüber einem Anwalt, sie lasse sich nicht verarschen.

In all diesen Fällen ist der Richter eben einfach mal aus der Haut gefahren und durfte dann zur Belohnung den Fall abgeben.

Wenn dagegen andere Prozeßbeteiligte dem *Richter* sagen würden, er lüge unverschämt, möge Kinkerlitzchen bei der Zeugenvernehmung unterlassen, sein Urteil gehöre in den Papierkorb, man sei nicht verpflichtet, sich jeden Blödsinn von ihm anzuhören und sich von ihm verarschen zu lassen – oha! Dann dürfte sie das etwas mehr kosten, und zwar auf Betreiben des Richters, dem die Doppelmoral dabei meist nicht einmal auffällt.

**Begleitstoffe im Alkohol** → Nachtrunk

**Beratungshilfe**
Kostenlose anwaltliche Tätigkeit für arme Mandanten im vorprozessualen Bereich.
Für eine Beratung empfängt der Anwalt zur Zeit 45 DM, für die Korrespondenz mit dem Gegner 110 DM aus der Landeskasse. Dazu kommen 20 DM Mißbrauchsgebühr, die er direkt vom Mandanten fordern kann, ihm aber oft erläßt.
Was die Freude der Anwaltschaft an dieser sozialen Aufgabe etwas lähmt, ist die Angewohnheit beamteter Gehaltsempfänger beim Amtsgericht, fünf bis zehn Beratungsgegenstände in einem einzigen Bewilligungsschein zu verwursten (»Beratung über Trennungs- und Scheidungsfolgen«), obwohl z. B. schon die Schreiberei und Rechnerei in der Unterhaltssache mehrere Stunden in Anspruch nehmen kann.

**Berliner Testament**
Dieses schöne Testament kann man erfreulicherweise auch außerhalb Berlins errichten. Mit ihm setzen Eheleute sich wechselseitig zu Alleinerben ein und die gemeinsamen Kinder gleichanteilig zu Schlußerben. Die Rheinländer sagen dazu kurz und bündig: *Eets ob de Aal, denn ob de Penz* (Erst auf die Alte, dann auf die Kinder). Die Niedersachsen bringen es folgendermaßen auf den Punkt: *Längst lebe, längst erbe.*

**Berufung**
Rechtsmittel gegen Urteile in Strafsachen, Zivilsachen, in arbeits-, verwaltungs-, sozial- und finanzgerichtlichen Streitigkeiten.
Die Berufung bietet Gelegenheit, die Sach- und Rechtslage noch einmal völlig neu aufzurollen und das erstinstanzliche Urteil unter jedem vorstellbaren Gesichtspunkt anzugreifen. Kläger bzw. Angeklagte denken wie folgt darüber:
Hat die Berufung Erfolg, so siegte die Gerechtigkeit. Wird sie verworfen bzw. zurückgewiesen, hat der Rechtsanwalt Mist gebaut.

**Besuchsrecht** → Umgangsrecht

**Betroffener**
So nennen Juristen nicht jemanden, der Wut, Trauer und Betroffenheit einbringt, sondern denjenigen, dem eine Ordnungswidrigkeit vorgeworfen wird. Allerdings reagiert der in der Regel auch stockbetroffen.

**Betrug**
Betrug ist die magische Viererkette *Täuschung – Irrtum – Vermögensverfügung – Vermögensschaden.* Aber wen interessiert das? Es zählt doch allein, daß es seit rund 30 Jahren nicht mehr strafbar ist, seinen Ehepartner zu betrügen. Also, wieso lesen Sie noch? Auf geht's! Und bitte vertuschen Sie nichts. Viele fähige Scheidungsanwälte freuen sich auf Ihren Besuch.

**Bewährungsfrist**
Die Bewährungszeit ist eine entweder im Urteil ausgesprochene oder nach Verbüßung von zwei Dritteln der Strafe festgesetzte Frist. Sie wird von den Verurteilten gemeinhin dazu genutzt, sich wieder für den Knast zu qualifizieren. Darauf reagieren die beteiligten Juristen dann wie folgt:
- der Richter mit geheuchelter Enttäuschung,
- der Staatsanwalt mit einem feurigen »Ich hab's ja gleich gesagt« und
- der Verteidiger mit dem Leugnen der Wiederholungstat.

**Beweislast**
Sie ist das Kreuz, das der Kläger durch den Zivilprozeß schleppt. Jede rechtserhebliche Behauptung, die der Beklagte bestreitet, muß er durch Urkunden oder Zeugen beweisen. Manchmal vervielfacht sich die Last auch noch, nämlich dann, wenn er beweisen muß, daß etwas *nicht* war.

**Bieterstunde** → Zuschlag

**Bremer Tabelle**
Diese Tabelle bietet die Grundlage, um den Nettounterhalt auf einen fiktiven Bruttounterhalt hochzurechnen. Aus diesem läßt sich dann ein an die gesetzliche Rentenversicherung angebundener → Altersvorsorgeunterhalt ermitteln (19,2 Prozent in 1996). Er wird aus der Unterhaltsverteilungsmasse vorab ausgekoppelt. Vom Rest bekommt die Ehefrau, wenn der Mann der Alleinverdiener ist, dann in der Regel die Drei-Siebtel-Quote. Per saldo geht damit die Hälfte des Manneseinkommens für den nachehelichen Unterhalt drauf.
Manche Gerichte rechnen aber, als ob das noch nicht genug wäre, *einstufig*, und das bedeutet: Dem Quotenunterhalt wird einfach der Vorsorgeunterhalt zugeschlagen, und dann ist man schon bei etwa 53 Prozent. Die einstufige Berechnung kann, so das OLG München in FamRZ 1994, 1459, sachgerecht sein, wenn der Pflichtige Quotenunterhalt plus Vorsorgeunterhalt »ohne Beeinträchtigung seiner eheangemessenen Bedürfnisse aufbringen kann«.
Vielleicht ganz gut, daß sich so etwas nicht herumspricht. Welcher klar denkende Mensch würde sonst noch ohne Ehevertrag heiraten?

**Briefgrundschuld**
So nennt sich nicht etwa eine Grundschuldbestellungsurkunde, die man vom Notar mit der Post zugesandt bekommt, sondern eine Grundschuld, zu der eine »Grundschuldbrief« ge-

nannte Urkunde gebildet wird, was gegenüber der → Buchgrundschuld die Abtretung im Falle der Umschuldung erleichert, für den Kunden aber den Nachteil hat, daß er nach Abzahlung des Darlehens den Brief nach Hause geschickt bekommt, ihn liegenläßt, statt zum Notar zu gehen und den Löschungsantrag zu stellen, und spätestens beim nächsten Umzug den Brief verschusselt – mit der Folge, daß ein aufwendiges Aufgebotsverfahren eingeleitet werden muß. Alles klar?

**Buchgrundschuld**
Dabei handelt es sich um keine Grundschuldurkunde vom Kaliber eines ganzen Buches, sondern um eine Schuld, die »nur« im Grundbuch eingetragen wird und nicht etwa noch zusätzlich durch einen Grundschuldbrief verkörpert wird.

**Bußgeldbescheid**
Chance für Anfängerquerulanten, ihren ersten Richter kennenzulernen: Man braucht bloß gegen den Bußgeldbescheid binnen zwei Wochen Einspruch einzulegen, und schon nimmt sich der Richter mindestens eine halbe Stunde Zeit, durch Zeugenvernehmung herauszubekommen, ob man wirklich die Parkscheibe um zehn Minuten überzogen hat (Streitwert: 10 DM). Währenddessen werden infolge prähistorischer Organisationsstrukturen der Justiz die harten Knackis aus der U-Haft entlassen, weil sich nicht rechtzeitig ein Hauptverhandlungstermin für sie finden ließ.

**Bußgeldkatalog**
Eine Art Speisekarte für Gesetzesbrecher der Spezies »reisende Mehrheit«. Diese Speisekarte bietet Gelegenheit, sich ein Menü nach Maßgabe der individuellen Bedürfnisse, der finanziellen Leistungsfähigkeit und der persönlichen Wertschätzung seiner Fahrerlaubnis zusammenzustellen.

Menüvorschlag:

| *Ordnungswidrigkeit* | *Bußgeld* | *Fahrverbot* | *Punkte* |
|---|---|---|---|
| 45 km/h zu schnell fahren (innerorts) | 200 DM | 1 Monat | 4 |
| Bei Rot über die Ampel (später als eine Sekunde nach Beginn der Rotlichtphase) | 250 DM | 1 Monat | 3 |
| Bei Tempo 200 km/h auf 20 m auffahren | 200 DM | 1 Monat | 3 |
| Auf der Autobahn wenden | 300 DM | 1 Monat | 4 |

Leider ist die Rechnung nicht steuerlich absetzbar.

**Dauerzustimmung** → Anlage U

**Diebstahl**
Was das ist, weiß ausnahmsweise jeder. Das Gesetz weist freundlicherweise noch darauf hin, daß nur derjenige als Dieb gilt, der eine »fremde bewegliche Sache in der Absicht wegnimmt, dieselbe sich rechtswidrig zuzueignen«. Merken Sie was? Fremde *bewegliche*! Wer ein Grundstück klaut, ist kein Dieb!

**Dienstaufsichtsbeschwerde**
Für diesen Rechtsbehelf, der vorwiegend gegen Schnarchsäcke in der Verwaltung eingesetzt wird, gelten die »drei großen F«: Formlos, Fristlos, Fruchtlos.

**Differenzmethode**
Dient der Ermittlung des Ehegattenunterhalts nach Trennung und Scheidung.
Kern der Sache: Nach Abzug des Kindesunterhalts werden drei Siebtel der Differenz zwischen den Einkommen dem Wenigerverdienenden zugesprochen.
→ Abzugsmethode

**Doppelnamen** → Namensrecht

**Düsseldorfer Tabelle**

Die Tabelle im engeren Sinne regelt die Höhe des Barunterhalts, den der nichtsorgeberechtigte Elternteil als Belohnung dafür zahlen darf, daß die Kinder aus seinem Leben ausgeschieden sind. Je älter die Kinder und je größer sein Einkommen, desto höher der Preis.

Die Düsseldorfer Leitlinien zum Ehegattenunterhalt enthalten einen Haufen Verteilungsregeln – alles Konkretisierungen des Prinzips der nachehelichen Solidarität, das sich einige unverheiratete Moralisten aus den Fingern gesogen haben. Die ab 1996 geltende Version der Tabelle zum Kindesunterhalt sieht so aus:

| *Gruppe* | *bis 6. Geburtstag* | *bis 12. Geburtstag* | *bis 18. Geburtstag* | *danach* | *Bedarfskontrollbetrag* |
|---|---|---|---|---|---|
| 1. bis 2.400 | 349 | 424 | 502 | 580 | 1.300/1.500 |
| 2. 2.400–2.700 | 375 | 450 | 530 | 610 | 1.600 |
| 3. 2.700–3.100 | 400 | 480 | 565 | 650 | 1.700 |
| 4. 3.100–3.600 | 435 | 525 | 615 | 705 | 1.800 |
| 5. 3.600–4.200 | 475 | 570 | 675 | 780 | 1.950 |
| 6. 4.200–4.900 | 515 | 620 | 735 | 850 | 2.100 |
| 7. 4.900–5.800 | 565 | 680 | 805 | 930 | 2.300 |
| 8. 5.800–6.800 | 615 | 740 | 875 | 1.010 | 2.500 |
| 9. 6.800–8.000 | 665 | 805 | 945 | 1.085 | 2.800 |
| über 8.000 | nach den Umständen des Falles | | | | |

Der *Bedarfskontrollbetrag* des Unterhaltspflichtigen ab Gruppe 2 ist – so Ziffer 6 der Erläuterungen – nicht identisch mit dem Eigenbedarf. Er soll eine ausgewogene Verteilung des Einkommens zwischen dem Unterhaltspflichtigen und den unterhaltsberechtigten Kindern gewährleisten. Wird er unter Berücksichtigung auch des Ehegattenunterhalts unterschritten, ist der Tabellenbetrag der nächstniedrigeren Gruppe, deren Bedarfskontrollbetrag nicht unterschritten wird, oder ein Zwischenbetrag anzusetzen.

Bedarfskontrollbeträge sieht nur etwa die Hälfte der OLG-Leitlinien vor.

→ Differenzmethode
→ Abzugsmethode

**Ehegattentestament** → Berliner Testament

**Ehevertrag**
Das einzige Messer, das scharf genug ist, ein Spinnennetz zu durchschneiden.

**Eigenbedarfskündigung**
Es ist entschieden einfacher, seinen Ehepartner loszuwerden, als einen Mieter. Wer zehn Jahre verheiratet war und seine(n) Angetraute(n) nicht mehr leiden kann, muß ein Jahr warten, um sich scheiden zu lassen.
Wer zehn Jahre lang einen Mieter hatte, den er nicht mehr leiden kann, muß ein Jahr warten und selbst in die Wohnung wollen. Will er letzteres nicht, kommt es zur vorgeschobenen Eigenbedarfskündigung. Zieht der Mieter aus und merkt danach, daß niemand aus der Familie des Mieters eingezogen ist, kann er dem Vermieter zweierlei einbrocken: ein Betrugsverfahren und einen Schadensersatzprozeß.

**Elterliche Sorge**
Von Frauen gern genutzter Hebel, Betreuungsunterhalt und → Kindesunterhalt zu bekommen. Die Geschlechterverteilung sieht so aus:
Mütterliches Sorgerecht: 88 Prozent
Väterliches Sorgerecht: fünf Prozent
→ Gemeinsames Sorgerecht: sieben Prozent
In der dritten Gruppe lebt der größte Teil der Kinder wiederum bei der Mutter.

Der Hauptgrund für das krasse Ungleichgewicht liegt darin, daß Männer die Betreuung am Nachmittag nicht garantieren können.
→ Sorgerecht

**Enterbung**
Das kann zweierlei bedeuten:
a) Anstelle von Mann/Frau und Kindern wird jemand anders bedacht – Freundin, Freund, Patentochter oder Tierschutzverein. Dann besitzen die Übergangenen den → Pflichtteilsanspruch.
b) Testamentarisch wird ein Kernfamilienfremder eingesetzt – wie oben, klassischer Fall: das Geliebtentestament. Zusätzlich werden beispielsweise die Kinder für erbunwürdig erklärt (Pflichtteilsentziehung). Das setzt aber ein Verbrechen wider den Erblasser voraus. Oder einen »ehrlosen oder unsittlichen Lebenswandel« gegen dessen Willen.

**Entmietung**
Charmanter Ausdruck für den Versuch, alle Mieter rauszuwerfen,
a) weil man das Haus verkaufen will oder
b) nachdem man das Haus gekauft hat.
Weg a) klappt nur mit einem Mietaufhebungsvertrag, mit dem man die Mieter rauskauft, Weg b) nur mit → Eigenbedarfskündigung.

**Entzug der Fahrerlaubnis**
Droht vor allem bei Trunkenheitsfahrten. Standardtarif für Ersttäter bei folgenloser Tat: zehn Monate brutto (also ab Beschlagnahme oder Sicherstellung der Pappe).
Im Unterschied zum schlichten Fahrverbot wird der Führerschein richtiggehend eingezogen. Man sieht ihn nie wieder und darf bei Fristablauf einen neuen beantragen – wenn man Pech hat, mit MPU-Gutachten (auch als »Idiotentest« bekannt).
Wenn seit dem Entzug – auch dem vorläufigen – mehr als zwei Jahre vergangen sind, ist zusätzlich eine abermalige praktische und theoretische Fahrprüfung zwingend vorgeschrieben, wobei einem das auch schon nach kürzeren Fristen droht (§ 15c StVZO). Die Staßenverkehrsbehörden haben hier einen verflucht breiten Spielraum.
Durch den Idiotentest fällt man übrigens schon dann, wenn man statt Bier »Bierchen« sagt – weil dies eine bedenklich unkritische und bagatellisierende Haltung zum eigenen Suchtverhalten darstelle.

**Erbauseinandersetzung**
Erben setzen sich entweder zusammen oder auseinander. Setzen sie sich erst auseinander und dann doch noch zusammen, gibt es einen Erbauseinandersetzungsvertrag.

**Erbengemeinschaft**
Ein Begriff mit klarer Etymologie: Die Erbengemeinschaft heißt so, weil sie gemeine Erben schafft.

**Erbunwürdigkeit** → Enterbung

**Erfolgshonorar**
Vereinbarungen zwischen Anwalt und Mandant, die ein zusätzliches Honorar vom angestrebten Erfolg (Freispruch, Bewährung) abhängig machen, sind merkwürdigerweise fast ausnahmslos nicht erlaubt (§ 52 I Standesrichtlinien).
Die ergebnisunabhängige Gebührenvereinbarung (Überschreitung der gesetzlichen Gebühren) ist dagegen zulässig. In den USA, wo die Anwälte ihr Honorar nur bekommen, wenn sie gewinnen, würde so etwas als Mißerfolgshonorar belächelt.

**Erfüllung**
Erfüllung und Befriedigung haben nichts mit einem glücklichen Sexualleben zu tun, sondern bedeuten, daß der Gläubiger bekommt, was ihm zusteht. Mit der Erfüllung der Forderung (Befriedigung des Gläubigers) erlischt das Schuldverhältnis.

**Ersatzmieter** → Nachmieter

### Fahrerflucht

Die Fahrer- oder Verkehrsunfallflucht wird meist von Betrunkenen begangen, die nicht den Unfall (100 DM Bußgeld, drei Punkte in Flensburg), sondern ihren folgenreichen Suff am Steuer (etwa 2.000 DM Geldstrafe, 12–15 Monate Führerscheinentzug und sieben Punkte in Flensburg) vertuschen wollen.
Daher ein Vorschlag im Interesse aller Geschädigten: Jeder Süffel, der trotz Fluchtmöglichkeit brav am Unfallort verharrt, sollte bezüglich der Trunkenheitsfahrt straffrei gestellt werden …

**Fahrlässigkeit**
Fahrlässigkeit ist eine der beiden Formen des Verschuldens (Zivilrecht) bzw. der Schuld (Strafrecht). Man unterscheidet zwischen unbewußter (Schusseligkeit) und bewußter (»wird schon nix passieren«) Fahrlässigkeit.
Die andere Schuldform ist der → Vorsatz. Die Abgrenzung fällt oft schwer.
Die Laien haben es leichter und behaupten: »Wenn einer besoffen aus der Kneipe kommt, sich ans Steuer setzt und einen Radfahrer totfährt, ist das Mord.«
Wenn allerdings der Radfahrer noch viel betrunkener und ohne Licht ge-

fahren ist und dem Täter die Vorfahrt genommen hat, handelt es sich natürlich um einen Fall der bewußten Fahrlässigkeit und damit allenfalls der fahrlässigen Tötung (in Tateinheit mit alkoholbedingter Straßenverkehrsgefährdung).
→ Leichtfertigkeit

**Fahrverbot**
→ Bußgeldkatalog
→ Mehrfachtäterpunktsystem

**Familienrechtsschutz**
So heißt nicht etwa der Rechtsschutz für die teuren Familiensachen wie Scheidungs- und Unterhaltsprozesse, denn gerade dafür gilt der sogenannte Allgemeine Risikoausschluß. Es bedeutet vielmehr, daß die gesamte Familie (Mann, Frau und noch in Ausbildung befindliche Kinder) Rechtsschutz genießt, sofern gerade einmal ein versichertes Risiko eintritt.

**Flensburger Kartei** → Kraftfahrtbundesamt

**Fremdwörter**
Sie laden zu Variationen durch die Kundschaft der Justiz ein. Sie sind ein seltener Quell der Erheiterung für den Juristen, sofern er nicht dieselben Fehler macht.
Kleine Anthologie aus Zeugenaussagen:
Ich brauchte 'n Disco-Kredit.
Dann muß ich eben mein Sparfitzikat (*Alternative*: Sparperzikat) auflösen.
Irgendwo muß ja auch meine Intimatmosphäre mal beachtet werden.
Mein Bengel schlürft jetzt auch, der hat so'n Brett.
Mein Jüngster is jetzt auch auf der Orientstufe.
Das is 'ne Protestuierte.
Ich mußte mal ein Exempel stationieren.
Ich schreibe an den Speditionsausschuß! (*Variante*: Pietätsausschuß)
Mein Vater is'n Kriegsveterinär und seit letztes Jahr passioniert.
Eine halbe Stunde haben wir da an der Rezession gewartet.
Der leidet unter Alterssensibilität.
Wir hatten nur zehn Minuten Krendenzzeit.
Der simuliert (*sinniert*) immer so vor sich hin.
Mein Auto muß zum Konfessionstest.
Aus prozeßökumenischen Gründen sollte er die Klage zurücknehmen.
Meine Frau geht jetzt auch in so 'n Budding-Studio.
Der Bezirksschornsteinfeger war da und hat festgestellt, daß die Emotionswerte vollkommen in Ordnung sind.

**Frontfotos**
Schlecht für's Geschäft der Anwälte. Oft gestochen scharf. Humorlose Widerlegung der Tatsache, daß es die Tante aus Argentinien war, die mit 70 km/h durch den Ort brauste.

**Führerschein**
Eintrittskarte in das Paradies der Schadstoff- und Schadensverursacher.

Die Vertreibung aus diesem Paradies durch Führerscheinentzug ist für deutsche Männer in der Regel schlimmer als Exkommunikation oder Impotenz. Zum Entzug gesellen sich naturgemäß Entzugserscheinungen, die denen bei Heroinabhängigen erschreckend gleichen.
→ Entzug der Fahrerlaubnis

**Führerscheinsperrfrist**
Nach Verkehrsstraftaten, besonders nach Trunkenheitsfahrten, verhängen die Gerichte Fahrerlaubnissperrfristen, vor deren Ablauf keine neue Fahrerlaubnis erteilt werden darf. Der Volksmund spricht vom Führerscheinentzug – ein Ausdruck, der den Fehlschluß nahelegt, daß man nach Fristablauf automatisch seinen Lappen wiederbekommt. Dem ist aber nicht so. Man darf einen Antrag auf Wiedererteilung für die Zeit ab Fristablauf stellen.
Ob man den Führerschein dann bekommt, steht aber noch nicht fest. Unter anderem muß man dafür erst einmal den »Idiotentest« bestehen (MPU-Gutachten).
→ Entzug der Fahrerlaubnis

**Gefährdungshaftung**

Der Kerngedanke dieser verschuldensunabhängigen Haftung lautet: Wenn jemand etwas Gefährliches sein eigen nennt und dieses Etwas einen Schaden anrichtet, muß er im Regelfall dafür einstehen. Klassische Fälle: Kraftfahrzeuge und Tiere (es sei denn, der Schaden war unabwendbar bzw. wäre auch bei Anwendung großer Sorgfalt entstanden).
Achtung:
Kinder sind weder Tiere noch Autos. Entgegen dem irreführenden Quatsch, der auf Baustellenschildern steht – »Eltern haften für ihre Kinder« –, tritt eine Haftung nur bei *schuldhafter* Verletzung der Aufsichtspflicht ein.

**Gefahrgeneigte Arbeit**

Zentraler Begriff bei Haftungsbeschränkung im Arbeitsrecht. Gefahr- oder schadengeneigt ist eine Arbeit mit LKWs und anderem schwerem Gerät, mit dem sich spielend Verheerungen anrichten lassen.
Die Haftungsverteilung sieht bei gefahrgeneigter Arbeit so aus: Bei grober Fahrlässigkeit haftet der Arbeitnehmer voll, bei leichtester überhaupt nicht und bei »normaler Fahrlässigkeit«, was immer das sein mag, in Höhe einer Quote. Den Rest zahlt der Chef.
Allerdings hielt das Bundesarbeitsgericht im Jahre 1992 die Arbeit eines Baggerfahrers, der Gräben aushob

und dabei eine Gasleitung herausrupfte, so daß wenig später der Keller, in den die Leitung führte, explodierte, nicht für gefahrgeneigt.
Die Arbeit der Kellnerin, die mit Gläsern hantiert, und des Buchhalters, der mit einem Federstrich Millionenschäden anrichten kann, ist es auch nicht.
Daneben stehen Fälle wie dieser: Einem Ingenieur, gestreßt in der Baubude sitzend, wird ein Blatt Papier vorgelegt, das die Bestellung vieradriger Kabel enthält. Er unterschreibt. Monate später verweigert die Baubehörde die Abnahme, weil fünfadrige Kabel hätten verwendet werden müssen. Die falschen Kabel darf man über Kilometer hinweg wieder ausbuddeln. Schaden: Ein paar hunderttausend Mark. Keine gefahrgeneigte Arbeit!
Wegen der Künstlichkeit und Willkürlichkeit der Differenzierung wollte das Bundesarbeitsgericht das Haftungsschema auf jede Art von Arbeit ausdehnen, der Bundesgerichtshof nicht. Der gemeinsame Senat der obersten Gerichtshöfe gab dem BAG im Jahre 1994 recht:
Die Haftungsverteilung gilt jetzt für alle Fälle, nicht nur für die gefahrgeneigten.
Allerdings überwintert das unbrauchbare Kriterium der Gefahrgeneigtheit sozusagen im Fahrlässigkeitsbegriff selbst: Ob grobe, mittlere oder leichte Fahrlässigkeit vorliegt, bemißt sich danach, wie gefahrgeneigt die Arbeit war.

**Gehilfe**
So heißt derjenige, der Beihilfe zu einer Straftat leistet. Vielleicht hat man deshalb die althergebrachte Berufsbezeichnung »Rechtsanwaltsgehilfin« umbenannt in »Rechtsanwaltsfachangestellte«.

**Gemeinsame Veranlagung**
So etwas haben, denken unverbildete Leser, nur eineiige Zwillinge. Aber der Begriff entstammt dem Steuerrecht und bezeichnet die gemeinsame Besteuerung zweier Ehegatten nach der Scheidung.
Was merkwürdigerweise die wenigsten wissen, bevor es auf sie zukommt, ist dies: Scheidungswillige werden bis einschließlich dem Jahr der Trennung *zusammen veranlagt* (§ 26b EStG), wenn nur einer der beiden Partner es wünscht. In der Praxis drückt das Finanzamt oft ein Auge zu und rechnet auch noch das Vorjahr der Scheidung mit ein. Als weitere Voraussetzung gilt, daß beide unbeschränkt einkommensteuerpflichtig sind (§ 26 I 1 EStG). Ist dieser Fall gegeben, kann sich ein Partner auch gegen den Willen des anderen mit seinem Anspruch auf die steuerliche Zusammenveranlagung durchsetzen. Dieser Anspruch folgt aus § 1353 I 2 BGB. Er besteht immer, wenn dem Inanspruchgenommenen durch die gemeinsame Veranlagung keine steuerlichen Nachteile, dem anderen aber Vorteile erwachsen. Diese Voraussetzung läßt sich dadurch schaffen, daß man im Gegenzug zur Zustimmung

einen Ausgleich der sich daraus für den getrenntlebenden Partner ergebenden Nachteile beantragt.

Wirtschaftlich sinnvoll ist eine Zusammenveranlagung insofern, als sie im sogenannten Außenverhältnis die Steuerlast mindert: Diese ist geringer, als wenn jeder für sich Steuern zahlen würde. Eheleute werden ja nicht nach den realen Verhältnissen behandelt; es bleibt unbeachtet, wenn der eine viel und der andere wenig verdient – sonst geriete der Besserverdienende ja mitten in die Progression. Der große Vorteil des Ehegattensplittings besteht darin, daß man steuerlich so tut, als verdienten beide genau die Hälfte der Summe des zu versteuernden Gesamteinkommens. So kommen beide in den Genuß eines eher milden Steuersatzes.

**Gemeinsames Sorgerecht**

Die gemeinsame elterliche Sorge stellt die letzte Brücke zwischen den Geschiedenen dar, wenn alle anderen gesprengt sind. Und wer eine Brücke hat, bildet einen Brückenkopf und setzt den Krieg fort.

In § 1671 IV 1 heißt es noch heute zum Sorgerecht nach der Scheidung der Eltern:

»Die elterliche Sorge ist einem Elternteil allein zu übertragen.«

Diesen klaren Satz erklärte aber das Bundesverfassungsgericht durch sein unter Juristen berühmtes Urteil vom 3. November 1982 für verfassungswidrig und damit für null und nichtig. Das heißt nun nicht, daß das gemeinsame Sorgerecht gleichberechtigt neben das einseitige Sorgerecht getreten ist. Das BVerfG hat vielmehr in dem besagten Urteil einige ziemlich hohe Hürden aufgebaut, die allesamt genommen werden müssen, wenn die Eltern das gemeinsame Sorgerecht erlangen wollen:

1. Gemeinsamer Vorschlag der Eltern, die elterliche Sorge ihnen beiden zu belassen.
2. Es darf schon bisher – auch während der Trennungszeit – keine Probleme bei der gemeinsamen Sorgerechtsausübung gegeben haben.
3. Beide Eltern müssen voll erziehungsfähig sein.
4. Das Kindeswohl gebietet *nicht* die Sorgerechtsübertragung auf einen Elternteil allein, insbesondere im Hinblick auf den Kindeswillen.

Die praktische Durchführung sieht meist so aus:

Die Kinder leben bei nur einem Elternteil und besuchen gelegentlich den anderen.

Da der andere Ehepartner nur in seltenen Glücksfällen gleich um die Ecke wohnt, bleibt die Hauptbezugsperson eben doch der erste Elternteil. Die Vorstellung, beide Eltern hätten hier kraft gemeinsamen Sorgerechts den gleichen erzieherischen Einfluß auf die Kinder, zeigt eine geradezu komische Praxisferne. Wer nicht da ist, hat an der Sorgerechtsfront nichts zu bestellen.

Die nachfolgende Tabelle zur Verteilung der Kinder unter anderem bei gemeinsamem Sorgerecht am Beispielfall München ist dem Buch von *Bernhardt/Haase/Kloster-Harz/Tauche, Wir bleiben Eltern trotz Scheidung, München 1995* entnommen, einem Werk, das trotz seines ungeteilten Enthusiasmus fürs gemeinsame Sorgerecht viele Leser verdient.

| *Kind bei* | *gemeinsames Sorgerecht* | *mütterliches Sorgerecht* | *väterliches Sorgerecht* |
|---|---|---|---|
| Mutter | 68 % | 95 % | 0 % |
| Vater | 14 % | 0,6 % | 89 % |
| beiden | 14 % | 3,5 % | 0 % |
| Dritten | 4 % | 1,8 % | 11 % |

Die gemeinsame Sorge läuft also in mehr als zwei Drittel aller Fälle darauf hinaus, daß die Mutter die Kinder betreut, während der Vater, wenn er das alleinige Sorgerecht hat, in immerhin elf Prozent aller Fälle die Kinder woanders wohnen läßt, meist bei seinen Eltern oder Geschwistern, nie jedoch bei seiner Exfrau.
Reformbestrebungen des Justizministeriums gehen dahin, das gemeinsame Sorgerecht zum gesetzlichen Regelfall zu machen und das alleinige Sorgerecht nur auf Antrag zuzuweisen.
→ Typologie des gemeinsamen Sorgerechts

**Gemischte Schenkungen**
Solchen Schenkungen sollte man mit gemischten Gefühlen begegnen. Sie muten einem als Beschenktem eine Gegenleistung zu, die sich anfänglich stets bescheiden ausnimmt, etwa bei einer Grundstücksschenkung ein Wohnrecht für die Eltern mit ein paar harmlosen Abfindungen für die Geschwister. Doch Vorsicht! Es steht nicht alles auf der Verpackung! Der Wert der Gegenleistung orientiert sich etwa an der statistischen Lebenserwartung der Wohnrechtsinhaber, und die halten sich selten an die Statistik und verhalten sich auch sonst oft sonderbar.

**Gerichtskosten**
Wer prozessiert, muß einen Gerichtskostenvorschuß an den Staat zahlen, der etwa so hoch wie der Vorschuß des Anwalts ausfällt, mit dem Unterschied, daß es dem Anwalt verwehrt ist, auch noch Steuern zu kassieren. Wer gewinnt und keinen bankrotten Gegner hat, bekommt sein Geld zurück.

**Gerichtsvollzieher**
Gerichtsvollzieher bekommen Vollstreckungsaufträge mit sogenannten → Titeln in die Hand gedrückt. Ihre Aufgabe besteht darin, acht Wochen (West) bzw. zwölf Monate (Ost) zu brauchen, um dem Gläubiger per Nachnahme mitzuteilen, daß beim Schuldner nichts zu holen sei.

**Geringstes Gebot**
Das geringste Gebot ist keines von den Zehn Geboten, sondern im Zwangsversteigerungsverfahren die Darstellung derjenigen Leistungen, die ein Interessent für das Objekt

mindestens erbringen muß. Es wird vom zuständigen Rechtspfleger zu Beginn der Bieterstunde genannt. Die abzugebenden Gebote haben ihren Sockel im geringsten Bargebot. Wer das höchste Bargebot nennt, bekommt den Zuschlag.

Beispiel:

| | |
|---|---|
| Grundbesitzabgaben: | 1.400 DM |
| Gerichtskosten: | 3.100 DM |
| Zinsen: | 500 DM |
| Geringstes Bargebot: | 5.000 DM |
| Bestehenbleibende Rechte (Rechte, die dem Recht des Betreibers in der Zwangsversteigerung vorgehen und im Verteilungstermin abgelöst werden): | 115.000 DM |
| Geringstes Gebot: | 120.000 DM |
| Höchstes Bargebot in der Bieterstunde: | 85.000 DM |
| Sicherheit (im Termin zu zahlen): 10 %= | 8.500 DM |

Ergebnis: Der Erwerber muß in dem Monate später stattfindenden Verteilungstermin aufbringen: das geringste Gebot plus sein Bargebot, sprich 205.000 DM, minus 8.500 DM = 196.500 DM.

**Gesamtschuldner**
Gesamtschuldner ist jeder, der neben mindestens einem weiteren Menschen voll für eine Verbindlichkeit haftet. Der Gläubiger kann sich einen aus dem Rudel ausgucken und von ihm den Gesamtbetrag fordern. Diesem bleibt dann die Möglichkeit, bei den anderen Regreß zu nehmen, im Zweifel in Höhe des jeweiligen Kopfteils (Gesamtschuldnerausgleich).

**Geschäftswert** → Goodwill

**Gesetzeslücken**
Mit Gesetzeslücken verhält es sich wie mit Zahnlücken oder Baulücken: Sie sind häßlich, und sie zu füllen kostet Geld und Mühe.
Die Füllung von Gesetzeslücken geschieht per Richterrecht, weil der Gesetzgeber noch langsamer ist als die Justiz. Und das will einiges heißen.

**Gesetzliche Erbfolge**
Sie tritt ein, wenn kein Testament gemacht worden ist, und bedeutet, daß der überlebende Ehegatte die eine Hälfte bekommt, während sich die Kinder die andere teilen. Bei Kinderlosigkeit bekommen Witwer bzw. Witwe drei Viertel; den Rest teilen sich die Eltern oder, falls diese bereits verstorben sind, die Geschwister.
Hauptnachteil: Auch Grundstücke gehen an die sogenannten ungeteilten → Erbengemeinschaften, also Gemeinschaften, die ihre ungeteilte Aufmerksamkeit auf jede Chance richten, alle anderen auszubooten. Am Ende steht die → Aufhebungs- oder Auseinandersetzungsversteigerung.

**Gewährleistungsausschluß**
Bedeutet den Ausschluß aller Käuferrechte für den Fall, daß irgend et-

was nicht in Ordnung ist (wie im Fall der → Wandlung). Besonders häufig findet er sich bei Grundstückskaufverträgen, weil die Macken von nicht mehr taufrischen Häusern jeweils schon in die Kaufpreisfindung eingeflossen sind. Dies hindert jedoch mehr als die Hälfte der Käufer nicht daran, sich über Risse in der Wand, mangelnde Wärmedämmung, unangenehme Nachbarschaft oder Lage im Hochwassergebiet zu beschweren und einen Teil des Kaufpreises zurückzufordern.

**Gleichwertungsregel**
Die Gleichwertungsregel oder Gleichwertigkeitsregel besagt:
Minderjährigen Kindern bietet nach der Trennung der eine Elternteil → Naturalunterhalt, der andere Barunterhalt. Beide leisten damit gleichwertige Beiträge zum Gesamtunterhalt. Soviel zur Theorie. In der Praxis läßt sich der Papa ein paar Mark von der Arbeitslosenhilfe abzweigen und geht schwarzarbeiten, die Mama liegt bei ihrem »Bekannten« auf dem Kanapee, und die lieben Kleinen ziehen sich ein Kettensägenmassaker-Video rein.

**GmbH**
Der letzte Buchstabe der »Gesellschaft mit beschränkter Haftung« läßt sich Kennern zufolge auch mit »Haltbarkeit« auflösen. Beides entspricht der Wahrheit. Die Haftung ist grundsätzlich auf das Kapital der Gesellschaft beschränkt: Das Mindestkapital beträgt 50.000 DM. Gegenüber den Banken haften die Gesellschafter aber praktisch unbeschränkt, weil es ohne persönliche Haftung keine Kredite gibt. So einfach ist das.

**Goodwill**
Der Goodwill ist der innere Wert eines Betriebes, verkörpert durch Ruf, Vertrauen, gute Geschäftsbeziehungen, »Eingeführtsein« usw. Diese Kriterien dürfen sich ausnahmslos nur an die Klitsche selbst, nicht an die Person des Inhabers/Betreibers knüpfen. Der Goodwill muß also unverändert erhalten bleiben, auch wenn der Chef verschwunden ist.
Ob eine Firma einen Goodwill hat, läßt sich am besten anhand von zwei Zahlen verdeutlichen:
- 1000000: Amputiert man die führende Eins (des Betriebs), bleiben lauter Nullen, ergo kein Goodwill.
- 0356996389: Verschwindet die Null an der Spitze, ändert sich am Wert nichts, ergo ist ein Goodwill vorhanden.

**Grundbuch**
»Und bringen Sie das Grundbuch mit. Ich will mir das Ding mal übers Wochenende ausleihen.«
Mit diesem Uralt-Witz werden Azubis heute noch von Anwälten zum Amtsgericht geschickt. »Das Grundbuch« bezeichnet in Wirklichkeit eine Abteilung des Amtsgerichts. Dort stehen Hunderte, manchmal Tausende von dickleibigen Folianten, in denen die Eigentumsverhältnisse und

die Belastungen eines jeden Grundstücks verzeichnet sind.

**Grundgesetz**
Unsere Verfassung von 23. Mai 1949 wurde nicht aus Bescheidenheit »Grundgesetz« genannt, sondern um ihren vorläufigen Charakter zu betonen. Die Präambel spricht ausdrücklich von einer »Übergangszeit« bis zur Vollendung der »Einheit und Freiheit Deutschlands«. Doch auch nach dem 3. Oktober 1990 heißt das Ding weiterhin Grundgesetz, und eines der neuen Bundesländer heißt überdies Mecklenburg-Vorpommern. Hier könnte einem Ausländer mulmig werden: Worauf warten sie denn noch, die Deutschen? Auf Hinterpommern?

**Grundschuld**
Die Grundschuld könnte so heißen, weil es keines (Rechts-)Grundes für ihre Eintragung im Grundbuch bedarf. Die erste Silbe bezieht sich aber in Wahrheit auf das Grundstück, das damit belastet wird. In der Praxis dient sie fast ausschließlich der Sicherung eines Darlehens (Sicherungsgrundschuld). Für den Kreditgeber bietet der durch eine vor dem Notar beurkundete Grundschuld gesicherte Kredit Vorteile gegenüber dem sogenannten losen Darlehen: Der Gläubiger kann die Zwangsversteigerung einleiten, den Gerichtsvollzieher loshetzen und die Lohnpfändung betreiben. Vor allem aber braucht er keinen Prozeß zu führen, weil die Grundschuld bereits einen → Titel darstellt. Der Kreditgeber saugt sich voll mit Sicherheiten. Die Kehrseite: Die Zinsen liegen etwa drei Prozent unter denen eines Dispokredits.
Die Formularausschüsse der Banken formulieren Grundschuldbestellungsurkunden so, daß nicht einmal alle Notare sie verstehen. Deshalb geben diese vielfach noch unverständlichere Erklärungen ab. Aber da es nichts Langweiligeres als eine Grundschuld gibt, tun alle so, als gäbe es keine Unklarheiten mehr, damit alles möglichst schnell vorbei ist.
→ Briefgrundschuld
→ Buchgrundschuld
→ Hypothek

**Gütertrennung**
Gütertrennung bedeutet, daß man bei einer Ehescheidung von seinem Vermögen nichts abzugeben braucht. Gütertrennung heißt dagegen nicht, daß man sich der Schulden des Ehepartners entledigen kann – denn für die haftet man nicht einmal im gesetzlichen Güterstand (Zugewinngemeinschaft), sie spielen also in keinem Fall eine Rolle. Die meisten Eheleute entscheiden sich aus diesem falschen Grund für die Gütertrennung, aber es war schon immer besser, aus den falschen Gründen das Richtige zu tun, als aus den richtigen das Falsche.

**Haftbefehl**
Der zivilrechtliche Haftbefehl ergeht auf Antrag des Gläubigers, wenn der Schuldner nicht zur Eidesstattlichen Erklärung (Vermögensoffenbarung) erschienen ist.
Der strafrechtliche Haftbefehl setzt einen dringenden Tatverdacht und einen Haftgrund voraus. Er mündet in die Untersuchungshaft.
Die Haftgründe lauten:
- Fluchtgefahr
- Verdunkelungsgefahr
- Wiederholungsgefahr
- Schwere des Verbrechens

Und dann gibt es noch einen, der nicht im Gesetz steht, von jedem Staatsanwalt gereizt bestritten wird und am häufigsten zum Zuge kommt: den Haftgrund des *Schweigens*. »Nenn uns deine Hintermänner, und du bist draußen«, sagen die Jungs von der Kripo. Das Dumme daran: Wer drinnen singt, ist draußen nicht mehr sicher.

**Haftpflichtversicherungen**
So heißen die merkwürdigen Gesellschaften, die eigentlich für den Schaden einzutreten haben, der vom Unfallgegner angerichtet wurde, leider aber jeden beschummeln, der nicht anwaltlich vertreten ist.

**Hammerschlags- und Leiterrecht**
Dieses Recht regelt nicht etwa die Einzelheiten des Fensterlns und der Bearbeitung von Nebenbuhlern mit dem Hammer, sondern das Betreten des Nachbargrundstücks zwecks Durchführung von Bau- und Instand-

setzungsarbeiten (z. B. § 47 Niedersächsisches Nachbarrechtsgesetz).

**Hausfrauenarbeit**
Die Rechtsordnung nutzt jede Gelegenheit, ihre Geringschätzung für Hausfrauenarbeit zu demonstrieren: Das Zeugenentschädigungsgesetz sieht eine Entschädigung von 12 DM pro Hausfrauenstunde vor (§ 2 III 2 ZSEG), für Erwerbstätige dagegen 20 DM – mit Erhöhungsmöglichkeit. Eine Frau, die mit einem Mann zusammenlebt und ihm ganztägig den Haushalt führt, bekommt im Unterhaltsstreit ein Eigeneinkommen in Höhe von rund 500 bis 1.000 DM zugerechnet.

**Hausrat**
Hausrat ist begrifflich der gesamte Krempel, der in der Wohnung herumsteht, -liegt und -hängt, von der Stereoanlage über das Doppelbett und den Flagrantiteppich bis hin zum röhrenden Hirsch an der Wand. Der Wert spielt keine Rolle: Auch ein echter Cézanne kann Hausrat sein. Es existiert jedoch eine Abgrenzung zwischen Hausrat und den persönlichen Sachen wie Klamotten, Kosmetikartikel, Vibrator, Tennisschläger, Rasierapparat oder Fachbüchern und dem Vermögen; letzteres unterliegt dem → Zugewinnausgleich.

**Hausratsteilung**
Gemeinsamer Hausrat – und dazu zählt alles, was während der Ehe angeschafft worden ist – wird »gerecht und zweckmäßig« (§ 8 HausratsVO) geteilt, in aller Regel also (nach Auskoppelung der Kinderzimmereinrichtung) wert- und volumenmäßig je zur Hälfte. Ausgleichszahlungen gibt es nur in den seltenen Ausnahmefällen, in denen dem Richter die Halbierung nicht gelingen will.

**Heranwachsende**
Der Begriff stammt aus dem Jugendstrafrecht und bezeichnet Leute zwischen 18 und 21 Jahren. Bis 18 fallen sie unter das mildere Jugendstrafrecht, ab 21 unter das Erwachsenenstrafrecht. In der Zwischenphase, also zwischen 18 und 21, werden sie im Regelfall wie Erwachsene behandelt, es sei denn, daß entweder »Reifeverzögerungen« festgestellt werden oder die Straftat eine »jugendtypische Verfehlung« darstellt wie etwa das Herumknattern auf einem nicht versicherten Moped.
Eine wahre Anekdote aus dem Gerichtssaal: Ein 20jähriger steht wegen fahrlässiger Körperverletzung unter Anklage: Er hat – Mädels nachgaffend – einen Auffahrunfall gebaut. Der verklemmte Jüngling von der Jugendgerichtshilfe empfiehlt die Anwendung des Jugendstrafrechts mit der Begründung, der Blick auf Vertreterinnen des weiblichen Geschlechts statt auf die Straße sei jugendtypisch und käme bei Erwachsenen nicht mehr vor.

**Hypothek**
Die Hypothek ist ebenso wie die Grundschuld ein Grundpfandrecht

und dient zur Sicherung einer Schuld, meist eines Darlehens. Die Unterschiede zur Grundschuld lauten:
Die Hypothek kann nicht, auch nicht teilweise, ohne zugrundeliegende Forderung bestehen. Deshalb verwandelt sie sich in dem Umfang, in dem das Hypothekendarlehen getilgt ist, in eine Eigentümergrundschuld. Die Grundschuld kann dagegen als leerer Becher im Grundbuch bleiben.
Ferner kann man eine Eigentümergrundschuld (z. B. zur Rangsicherung) bestellen und den Brief eines Tages der Bank geben, um sich einen Kredit zu beschaffen.

**Illoyale Vermögensverschiebungen**
→ Vermögenszurechnungen

**Immissionen**
Zu den Immissionen (wörtlich: Reinschickungen) zählen Belastungen mit Lärm, Vibrationen, Gestank, Rauch und sinnlich nicht erfahrbaren Schadstoffen wie Strahlen. Paragraph 906 BGB spricht in etwas archaischer und fehlerhafter Terminologie von »unwägbaren Stoffen«. Namentlich erwähnt werden Gase, Dämpfe, Gerüche, Rauch, Ruß, Wärme und Geräusche sowie Erschütterungen, die sich der Eigentümer eines Grundstücks verbitten kann.
Man spricht auch von Emissionen (Rausschickungen). Dabei handelt es sich um dasselbe – es kommt nur darauf an, von wo man guckt.

**Indexzahlen**
Gemeint ist nicht die Anzahl der Bücher, die auf dem Index stehen – wir befinden uns nicht im Kirchenrecht –, sondern der Indikator für den schleichenden Währungsverfall (Inflation). Er schlägt sich im Lebenshaltungskostenindex nieder, der für Monate und anschließend für das gesamte Jahr ermittelt wird. Mit Hilfe der Indexzahlen kann man einen bestimmten DM-Betrag aus der Vergangenheit auf den heutigen Wert (Kaufkraft) hochrechnen. In gewerblichen Mietverträgen ist eine Indexierung (Indizierung) der Miete, d. h. die Anpassung des Mietzinses bei wesentlichen Veränderungen des Lebenshaltungskostenindex, üblich.
Bei Wohnungsmietverträgen ist sie unzulässig; hier hilft die Staffelmiete.

**Innen- und Außenverhältnis**
Diese Verhältnisse haben mit inner- und außerehelichem Geschlechtsleben nichts zu tun. Sie bezeichnen vielmehr einerseits die Ausgleichsverpflichtung mehrerer Gesamtschuldner untereinander bzw. andererseits das Haftungsverhältnis der Schuldner zum Gläubiger.

**Instanzenzug**
Der Instanzenzug ist der Weg von der ersten bis zur letzten Instanz, also von der Eingangsinstanz zur Berufungsinstanz und von dort gegebenenfalls noch zur Revisionsinstanz. Die verschiedenen Instanzenzüge zeigen eine ausgesprochen verwirrende Vielfalt, zumal Landgericht und Oberlandesgericht sowohl die erste wie auch die zweite Instanz darstellen können. Auf folgende Regel kann man sich indes verlassen:
Das Amtsgericht entscheidet im Ergebnis richtig, nur mit der falschen Begründung.
Das Landgericht entscheidet mit der richtigen Begründung, aber falschem Ergebnis.
Das Oberlandesgericht liefert das falsche Ergebnis mit der falschen Begründung.
Der Bundesgerichtshof entscheidet im Ergebnis richtig und mit richtiger Begründung, allerdings den falschen Fall.

## Jurastudium

Jede Uni, die nicht belächelt werden will, hat eine juristische Fakultät, auf der angehende Juristinnen und Juristen im Schnitt elf Semester lang eine Menge über das römische Recht, das antizipierte Besitzkonstitut, die Hochseilakrobatik des Bereicherungsrechts (mit Fallkonstellationen, die es nur in Professorenhirnen gibt) und die Abgrenzung zwischen Verbots- und Tatbestandsirrtum erfahren, absolut nichts aber darüber,

- wie ein Dieb zu bestrafen ist,
- wie man einen Verkehrsunfall reguliert und
- wie man einen Unterhaltsanspruch ermittelt.

Natürlich wissen die Studenten und Studentinnen schon vor dem ersten Examen, daß sie danach die Hälfte wieder vergessen können. Nur sagt ihnen niemand, welche Hälfte.

**Juristendeutsch**

Wer das Vorwort gelesen hat, weiß es schon, und wer nicht, hat es schon vorher gewußt: Die Fachsprache der Juristen ist fremdwortarm, aber dennoch unverständlich. Fast jedes Stichwort dieses Lexikons belegt dies eindrucksvoll.

Von den schwer als Wörterbucheintrag nutzbaren Wendungen sollen hier die wichtigsten zusammengefegt werden:

| *Deutsch* | *Juristendeutsch* |
|---|---|
| im Prinzip ja, aber … | grundsätzlich |
| dennoch, trotzdem | gleichwohl |
| anfordern | erfordern |
| rausrücken | ausfolgen |
| Mir doch egal! Machen Sie, was Sie wollen. | Ich stelle insoweit anheim, … |
| Wenn Sie nicht aufhören, mich anzupampen, zahlen Sie sich dumm und dämlich. | Im Wiederholungsfall nehme ich Sie wegen Ungebühr vor Gericht in ein Ordnungsgeld. |

**Juristenlatein**

Juristenlatein gibt es in maximal vier Fassungen: als Original, wörtliche Übersetzung, freie Übersetzung und Verballhornung, wobei letztere durch verspätete Pubertätsphantasien beeinflußt ist, unter denen etwa die Hälfte aller Juristen leidet. Aber die Schlüpfrigkeit hat auch eine wichtige Funktion: Sie stellt, um es einmal im Jargon eines *Spiegel*-Essays zu sagen, das 10-W-40-Mehrbereichsöl im trokkenen Motor des juristischen Diskurses dar.

Hier die wichtigsten Sprüche:

*Da mihi facta, dabo tibi ius.*

= Gib mir die Fakten (und) ich werde dir Recht geben.

»Recht geben« bedeutet nicht »Ich bestätige dir, daß du im Recht bist«, sondern »Du kriegst ein Urteil«. Der Spruch wird von Richtern selten zitiert. Öfter schon von Anwälten, denen keine Anspruchsgrundlage einfällt.

*Falsa demonstratio non nocet.*

= Lauf auf der falschen Demo nicht nackend rum.

= Die falsche Bezeichnung schadet nicht. Dies gilt im Vertragsrecht wie im Verfahrensrecht, im Sinne von: Entscheidend ist, was gemeint ist.

*In dubio pro reo.*

= In dubio torero.

= Im Zweifel für den Angeklagten.

*Iudex non calculat.*

= Der Richter rechnet nicht. Der Spruch galt vielleicht bei den alten Römern, heute ist er aber barer Unfug: Jeder zweite Rechtsstreit wird zum Rechenstreit. Die aktualisierte Übersetzung muß daher lauten: Der Richter kommt mit seinem Taschenrechner nicht klar.

*Ius est vigilantibus.*

= Das Recht ist mit den Wachsamen.

*Ne bis in idem*

= Beiß nicht rein.

= Niemand darf für dieselbe Tat zweimal bestraft werden.

*Nulla poena sine lege.*

= Keine Strafe ohne Gesetz.

*Reformatio in peius.*

= Reformatio in penis.

= Wendung ins Schlimmere oder Bösere.

*Venire contra factum proprium.*

= Wörtlich: Kommen gegen die eigene Tatsache.

= Widersprüchliches Verhalten.

*Volenti non fit iniuria.*

= Wollen die nicht fit sein in Jura?

= Wörtlich: Dem/der Wollenden geschieht kein Unrecht.
= »Geschieht dir recht«, spricht dazu die Mutter, »du hast dich ja auf das Schwein eingelassen. Jetzt jammer nicht rum«.

**Juristenschwemme**
Es verhält sich wie bei Lehrern, Soldaten und gewöhnlichen Kriminellen: Stets werden mehr Juristen ausgebildet als gebraucht. Die Schwemme der späten achtziger Jahre – mit einem hohen Anteil an Flachpfeifen – verteilte sich auf die Ex-DDR, und zwar, wie sich das für eine ordentliche Überschwemmung gehört, mit schlimmen Folgen. Die zweite staut sich und ergießt sich demnächst auf den Anwaltsmarkt. Mit einer unnachsichtigen Erschließung der letzten rechtsfreien Räume muß gerechnet werden.

**Juristische Personen**
So heißen nicht etwa Leute, die Jura studiert haben, sondern eingetragene Vereine, Handelsgesellschaften (OHG, KG, → GmbH, AG) und öffentlich-rechtliche Körperschaften, die sogenannten natürlichen Personen prozessual gleichgestellt sind.

**Justizkritik**
So etwas mögen Juristen gar nicht, weil sie der Meinung sind, daß sich Juristen schon untereinander hinreichend kritisieren – die Anwälte befehden sich gegenseitig, die Verteidiger polemisieren gegen die Staatsanwälte und umgekehrt. Letztendlich verhält es sich so, wie Justizkritiker Ostermeyer einmal sagte: Die kleinen Richter schimpfen auf die großen am Stammtisch, die großen auf die kleinen in ihren Berufungsurteilen. In der Tat haben sich alle schwer in der Wolle. Zusätzlich wird von außen gemeckert: von der Presse, von Politikern, Soziologen und Radikalen von links wie rechts. In der Empörung darüber sind sich ausnahmsweise alle einig. Das dahinterstehende, aber nie offen ausgesprochene Prinzip lautet, daß *Juristen nur von Juristen kritisiert werden dürfen*. Die Vertreter dieses Prinzips fanden es übrigens unerhört, als man ihnen Ende der sechziger Jahre mitteilte, daß nur Sozialisten das Recht hätten, Sozialisten zu kritisieren.

**Justizvollzugsanstalt**
In der Justizvollzugsanstalt (Abkürzung JVA, vulgo: Knast) werden Freiheitsstrafen verbüßt. Die alte Unterscheidung zwischen Gefängnis und Zuchthaus gilt schon lange nicht mehr. Der spezifische Geruch ist aber derselbe geblieben – ähnlich wie der Geruch der Altersheime, seit sie in Senioren- und Pflegeheime umbenannt worden sind.

**Kappungsgrenze**
Erfreulicherweise gibt es seit einigen Jahren in Mitteleuropa keine Grenzen mehr, an denen gekappt oder gekapert wird. Kappungsgrenze heißt jetzt: Die Miete darf im Rahmen des höchst komplizierten → Mieterhöhungsverfahrens erhöht werden, aber nicht um mehr als 30 Prozent in drei Jahren. Die Bedeutung der Kappungsgrenze ist jedoch wegen der Staffelmiete in den neueren Formularmietverträgen rückläufig.

**Kindergeld**
Aus dieser sozialpolitischen Gießkanne tröpfelt es auch, wenn es ständig geregnet hat, der Sprengwagen gerade da war oder eh alles versickert.
Man könnte diese Segnung ohne weiteres auf Leute beschränken, die keinen Kinderfreibetrag nutzen können, weil sie sowieso keine Steuern zahlen. In allen anderen Fällen besteht der Haupteffekt darin, daß die armen Familienrechtler mit ständigen Änderungen der Kindergeldhöhe, der Kürzungsmathematik für Besserverdienende, der Anrechnung der Kindergeldhälfte auf den Unterhalt, dem Wechsel in der Bezugsberechtigung und dem Ausgleich des Zählkindervorteils in den Wahnsinn getrieben werden.

Zur im Moment aktuellen Höhe des Kindergeldes:

| | *1996* | *ab 1997* |
|---|---|---|
| 1. Kind | 200 DM | 220 DM |
| 2. Kind | 200 DM | 220 DM |
| 3. Kind | 300 DM | 300 DM |
| ab 4. Kind | 350 DM | 350 DM |

**Kindesentführung**
Was tun, wenn ein amoklaufender Vater die Kinder aus seiner gescheiterten Ehe ins Ausland entführt?
Theoretisch ganz einfach: Man läßt sich vom Familiengericht des väterlichen Wohnorts bestätigen, daß die Kinder nach dem Haager Kindesentführungsübereinkommen (HKiEntÜ) zurückgebracht werden müssen. Und dann schickt man das Urteil in das Land, in dem sich Vater und Kind aufhalten.
Wenn man Pech hat, hört man es bis nach Hause, wie sie sich dort schlapplachen.
Wenn man noch mehr Pech hat, bekommt man nach einigen Jahren zu hören, daß die Rückgabeverpflichtung ausgeschlossen sei, weil sich das Kind gut eingelebt habe (Art. 12 II HKiEntÜ) oder ihm bei Rückgabe schwerwiegende Gefahren drohten (Art. 13 Ib HKiEntÜ).

**Kindesunterhalt**
Wer für seine Kinder nicht sorgen darf oder will, muß zahlen. Wer sein Portemonnaie mehr liebt als sein Kind, kann nur hoffen, daß das Balg doof genug ist, ab 16 Jahren Geld zu verdienen. Jeder mit einem dreistelligen IQ macht heute aber leider Abitur und studiert auf Kosten der Eltern, damit ihm eines Tages alle Bremswege offenstehen.
Der Unterhaltsanspruch minderjähriger ehelicher Kinder richtet sich nach der → Düsseldorfer Tabelle. Der nichtehelicher Kinder orientiert sich an der Gruppe 1 der Tabelle (Regelbedarf) plus prozentuale Zuschläge. Im Ergebnis bekommen beide Gruppen etwa das gleiche.

**Kindeswohl**
Dabei handelt es sich um ein außerordentlich praktisches Phantom, hinter dem sich jeder versteckt, der vom anderen das Sorgerecht beansprucht, das Umgangsrecht des anderen vereitelt oder schlicht mehr Unterhalt verlangt: O-Ton einer Mutter: »Wenn's mir gut geht, geht's auch den Kindern gut.« Es dient auf der Gegenseite genauso als Vorwand, keinen Pfennig zu zahlen – O-Ton eines Vaters: »Die Kinder können ja zu mir kommen« – und das Umgangsrecht mittels Gerichtsvollzieher durchzusetzen.

**Kommanditgesellschaften**
Diese Handelsgesellschaften bestehen aus einem Komplementär und (meist) mehreren Kommanditisten. Der Komplementär haftet, wenn es schiefgeht, mit seinem gesamten Vermögen, der Kommanditist dagegen nur mit seiner Kommanditeinlage. Angesichts der Unerfreulichkeit der ersten Alternative erfand man in den

zwanziger Jahren die GmbH & Co. KG, die gleichfalls eine Kommanditgesellschaft ist, allerdings mit einer GmbH als Komplementärin. Diese saubere persönlich haftende Gesellschafterin haftet ihrerseits nur mit den Stammeinlagen ihrer Gesellschafter. Letztere gehen selten über insgesamt 50.000 DM hinaus (Mindeststammkapital).

**Komplettierungsmethode**
Ein kompliziertes Rechenwerk zur Ermittlung von nachehelichen Unterhaltsansprüchen bei Fällen, in denen die Frau erwerbstätig ist, obwohl sie zumindest finanziell dazu gar keine Veranlassung hätte. Das Grundschema lautet: Auf den Unterhaltsanspruch, nämlich drei Siebtel des Manneseinkommens nach Kindesunterhaltsabzug, packt sie zunächst das Eigeneinkommen drauf, bis der Lebensstandard während der Ehe erreicht ist. Von dem, was darüber hinausragt, muß sie sich ein Drittel oder die Hälfte auf den Unterhalt anrechnen lassen (§ 1577 II BGB).

**Kosten**
Die Kosten der Rechtsverfolgung bestehen vor allem aus Anwaltskosten, Gerichtskosten und Sachverständigenkosten. Während Sachverständige in aller Regel nach Stundensätzen arbeiten, sind die Bemühungen von Anwälten und Gerichten in Zivilrecht, Arbeitsrecht und Verwaltungsrecht ausschließlich streitwertabhängig. Wenn es um viel geht, kostet es viel. Zeitdauer, Schwierigkeit und Erfolg spielen keine Rolle. Nur im Strafrecht und in Sozialgerichtsprozessen kann der Aufwand innerhalb der dort geltenden Rahmengebühr mitberücksichtigt werden. Und immer gilt: Oft vergeblich, aber nie umsonst.

**Kostenrisiko**
So lautet das Risiko, auf den Kosten sitzenzubleiben.
Am niedrigsten liegt dieses Risiko bei Freisprüchen im Strafrecht. Dann hat nämlich die Landeskasse die Kosten zu übernehmen, und die zahlt immer – außer vielleicht, dem Angeklagten wäre es ein leichtes gewesen, rechtzeitig den entscheidenden Hinweis für seine Unschuld zu geben.
Schlechter sieht es schon im Zivilrecht aus: Wer gewinnt, hat einen Kostenerstattungsanspruch gegen den unterlegenen Gegner – aber einem nackten Mann kann man bekanntlich nicht in die Tasche fassen.
Am übelsten steht der Fall beim Arbeitsgericht: Jeder zahlt seinen eigenen Anwalt, egal, wie es ausgeht.

**Kraftfahrtbundesamt**
Das KBA führt das VZR (Verkehrszentralregister bzw. »Flensburger Kartei«). Jeder Verkehrssünder kann sich dort nach seinem Punktestand erkundigen. Allerdings muß seine Unterschrift beglaubigt sein, und ohne Angaben zum Geburtstag und -ort und ohne Beifügung eines Schecks läuft nichts. Die Gebühr – derzeit 15 DM,

bei Erscheinen dieses Bandes sicherlich schon wieder mehr – steigt schneller als der Punktestand.
Besichtigungstermine für eingezogene Führerscheine sind jedoch nicht vorgesehen.
Anfang 1996 hatte jeder 13. Bundesbürger (nicht Führerscheininhaber!) einen Eintrag in der Flensburger Kartei. Insgesamt waren dort 6.209.579 Verkehrsteilnehmer aktenkundig, 6, 2 Prozent mehr als ein Jahr zuvor.

**Kraftfahrzeughaftpflichtversicherung**
→ Haftpflichtversicherung

**Kranzgeld**
Dieser Begriff bildet die Überschrift zu § 1300 BGB, der leider demnächst abgeschafft werden soll. Der Wortlaut ist nämlich Realsatire:
»Hat eine unbescholtene Verlobte ihrem Verlobten die Beiwohnung gestattet, so kann sie (…) (bei Auflösung des Verlöbnisses durch den Mann) auch wegen des Schadens, der nicht Vermögensschaden ist, eine billige Entschädigung in Geld verlangen.«
Weil die Gleichberechtigung nicht aufzuhalten ist, haben auch etliche ehemalige Jünglinge schon versucht, den Verlust ihrer Unschuld zu versilbern. Diese Versuche waren jedoch zum allgemeinen Leidwesen nicht von Erfolg gekrönt.

**Kuckuck**
Dieser Spitzname für das Pfandsiegel entstammt dem Kaiserreich, als die Siegel den Reichsadler trugen. Die Gerichtsvollzieher tauften den Vogel um. Aber warum, zum Kuckuck, in Kuckuck und nicht in Aasgeier, ist ungeklärt.

**Kündigungsschutz**
Eine Ehe genießt keinen Kündigungsschutz (mit Ausnahme einer Härteklausel in § 1568 BGB, die noch nie angewandt worden ist).
Im Arbeitsrecht haben Behinderte und Betriebsräte absoluten Kündigungsschutz; die übrigen können zumeist mit einer Abfindung rechnen.
Im Mietrecht genießt jeder Kündigungsschutz, soweit der Vermieter keinen Eigenbedarf geltend macht.
Daraus folgt: Seinen Ehepartner wird man leicht los, seine Angestellten gegen teures Geld und seine Mieter überhaupt nicht.

**Lärmbelästigung**
Hervorragende Waffe, dem Nachbarn eins auszuwischen. Meist bringen genau die Leute Beschwerden gegen Hundegebell, Fröschequaken und Hausmusik vor, die gerade halbtaub aus einem Auto gekrochen sind, in denen 80-Watt-Lautsprecher dröhnen.

**Lastenausgleichsgesetz**
Hier zeigt sich die deutsche Vereinigung als Arbeitsbeschaffungsprogramm:
Der Lastenausgleich – also die Entschädigung der Vertriebenen und Geflohenen des Zweiten Weltkriegs – war endlich abgeschlossen, als die DDR-Entschädigten über das Vermögensgesetz im Einigungsvertrag plötzlich ihre Grundstücke und Betriebsruinen zurückbekamen. Jetzt holen die LAG-Experten bei den Kreisverwaltungen die Akten wieder aus dem Keller und fordern den Lastenausgleich zurück. Nach vorsichtigen Schätzungen geht das, Kohl sei Dank, bis etwa zum Jahre 2020.

**Lebensgemeinschaft**
Lebensgemeinschaften zerfallen – erstens ganz generell und zweitens in eheliche und → nichteheliche.

**Lebenshaltungskostenindex**
Nach Jahren gegliederter DM-Multiplikator zur Ermittlung der Kaufkraft der Währung und damit der einzige Weg zu beweisen, was die Baseballmützengeneration nicht glauben will: Vor 30 Jahren kosteten 0,2 Liter Bier in der Kneipe 35 Pfennige. Man konnte sich also für gut 10 DM besaufen und anschließend unbeschwert nach Hause fahren; der Liter Benzin kostete nämlich auch nur 40 Pfennige.

**Lebensstandardgarantie**
Fixstern am Erwartungshorizont aller Menschen, die Unterhalt fordern, nachdem sie ihre Ehepartner verlassen haben.

**Leibgeding** → Altenteil

**Leibzucht** → Altenteil

**Leichtfertigkeit**
Haarsträubende Steigerungsform der Fahrlässigkeit. Wichtigster Indikator: Händeringende Zeuginnen, die einander »Wie *kann* er denn bloß« zuraunen.

**Lohnpfändung**
Sie setzt einen → Titel voraus. Jede Lohnpfändung endet betragsmäßig an der Pfändungsfreigrenze, die je nach Anzahl der Unterhaltsberechtigten variiert. Hartgesottene Schuldner vereinbaren gleich einen Lohn hart unterhalb der Freigrenze und erarbeiten den Rest schwarz.
→ Schuldnerschutz
→ Pfändungsfreie Sachen

**Lügner**
Vor Gericht wird unablässig mit unterschiedlichen Graden an Professionalität gelogen. Am ungeschicktesten, schamlosesten und häufigsten lügen Zeugen.

Inhaltlich gibt es zwei Arten:
1. die glaubhaften Lügen. Sie bringen alles durcheinander, erhöhen den Aufwand eines Prozesses und führen oft zu Fehlurteilen.
2. die unglaubhaften Lügen. Sie fallen unter die Rubrik »Beleidigung«, weil der Lügner mit ihrer Darbietung zum Ausdruck bringt, daß er den Adressaten der Aussage für bescheuert hält. Von dieser Sorte hat jeder Prozeßbeteiligte ein paar auf Lager. Hier die Evergreens:

Der Staatsanwalt: Ich vertrete die objektivste Behörde der Welt.
Die Alibizeugin: Er war's nicht. Ich habe zur Tatzeit mit ihm im Bett gelegen.
Der Zeuge in Bußgeldsachen: Ich konnte vom Beifahrersitz aus genau sehen, daß die Ampel noch gelb war, als wir durchfuhren.
Der Verteidiger: Nach wie vor bin ich von der Unschuld meines Mandanten überzeugt.
Der Richter (zum Verteidiger, während er die Urteilsformel schreibt): Selbstverständlich höre ich Ihnen zu.
Der Angeklagte:
a) Es tut mir leid, was ich getan habe.
b) Wenn Sie mir Bewährung geben, kommt das nicht noch mal vor.

→ Zeugen
→ Wahrheitspflicht

**Mahnverfahren**
Das gerichtliche Mahnverfahren dient dazu, dem Gläubiger einen langwierigen Prozeß zu ersparen. Auf dem Mahnbescheidsformular werden Gläubiger und Schuldner, die Forderung und ihr Rechtsgrund benannt, und schon ergeht der Mahnbescheid; zwei Wochen später folgt, wenn der Schuldner sich nicht regt, der Vollstreckungsbescheid, und fertig ist der → Titel.

Das Dumme für alle Gläubiger: Zusammen mit dem Mahnbescheid bekommt der Schuldner einen knallroten Zettel, den er nur zu unterschreiben braucht, um erst einmal Zeit zu gewinnen: den sogenannten Widerspruch. Hat der Schuldner diesen Widerspruch eingelegt, so kann das Verfahren nur mit Einreichung der Klagebegründung weitergehen, und es folgt der gesamte Terz, den der Gläubiger sich eigentlich hatte er-

Viele Anwälte senden deshalb überhaupt keine Mahnbescheidsanträge mehr hinaus.

**Mangel**
Konstitutives Merkmal gekaufter oder werkvertraglich in Auftrag gegebener Gegenstände. Der Käufer kann folgende Rechte in Anspruch nehmen: entweder gar keine, weil der Gegenstand dem → Gewährleistungsausschluß unterliegt, oder aber → Wandlung (Umtausch), Minderung (Senkung des Kaufpreises) bzw. Mängelbeseitigung.
Faustregel: Bei Kleinkram reduziert sich diese Trias meist auf Wandlung, bei größeren Verträgen auf Mängelbeseitigung (per Allgemeine Geschäftsbedingungen oder → VOB). Daran schließen sich die üblichen Staffelpfuschereien an: Entweder wird der Mangel verschlimmert oder durch einen neuen ersetzt.

**Mehrfachtäterpunktsystem**
Wer nach dem → Bußgeldkatalog 18 Punkte innerhalb von zwei Jahren aufgehäuft hat oder mehr als 18 Punkte in mehr als zwei Jahren, verliert den Führerschein (→ Entzug der Fahrerlaubnis). Dies geschieht nicht durch Gerichtsurteil, sondern per Verfügung der Straßenverkehrsbehörde (»Punkteentziehung«). Eine neue Fahrerlaubnis bekommt nur, wer anschließend einen Antrag auf Neuerteilung stellt und ein positives Gutachten einer medizinisch-psychologischen Untersuchungsstelle (MPU) vorlegen kann. Wer durchfällt, hat für gewöhnlich die Möglichkeit, sich nach einem Jahr wieder zu melden.

**Mieterhöhungsverfahren**
Dieses schöne Verfahren ist geregelt im MHRG = Gesetz zur Regelung der Miethöhe – unter Anwälten aus guten Gründen auch »Gesetz zur Verhinderung der Mieterhöhung« genannt. Mit Hilfe von drei Vergleichswohnungen, einem Sachverständigengutachten oder einem → Mietspiegel darf der Vermieter den Mieter ersuchen, doch gnädigst der Mieterhöhung unter Beachtung der → Kappungsgrenze binnen zwei Monaten zuzustimmen. Verweigert letzterer dies, kann man ihn binnen weiterer zweier Monate auf Zustimmung verklagen. Das geht jedoch meist schief, weil
- es einen Mietspiegel nur in großen Städten gibt,
- ein Sachverständigengutachten teuer ist und
- ergo nur die Vergleichswohnungen bleiben, die nach Mietermeinung nie mit der gemieteten Bruchbude vergleichbar sind. Standardfloskel: Man könne schließlich nicht Äpfel mit Birnen vergleichen.

**Mietminderung**
Wenn an der gemieteten Wohnung irgend etwas nicht in Ordnung ist, kann der Mieter bis zur Schadensbehebung von der Kaltmiete eine angemessene Quote abziehen. Die Quote reicht von 0, 5 Prozent bei Trübung

von Isolierglasscheiben über 50 Prozent bei Tropfwasser an der Decke bis zu 100 Prozent bei totalem Heizungsausfall im Winter.

**Mietnebenkosten**

Mietnebenkosten führen häufig zu Prozessen über Abwälzbarkeit, tatsächlichen Verbrauch und Verteilungsschlüssel, mit denen man ohne weiteres Nervenkostüm, Feierabend und Liquidität eines ausgewachsenen Rechtsanwalts ruinieren kann. Solche Streitigkeiten werden meist von Leuten geführt, die im Falle einer Niederlage an die *Bild*-Zeitung, das Bundesjustizministerium und einen Petitionsausschuß schreiben.

**Mietspiegel**

Dabei handelt es sich um keinen gemieteten Spiegel, sondern um eine Übersicht zu den in einer bestimmten Stadt gezahlten Mieten – gegliedert nach Wohngegend, Baujahr des Hauses und Ausstattungsgrad. Er erspart den Beteiligten Kosten und Streß des Mieterhöhungsverlangens, das die Mieten dreier Vergleichswohnungen verlangt.

→ Mieterhöhungsverfahren

**Mietwagenkosten**

Derartige Kosten entstehen meist nach schuldlos erlittenen Verkehrsunfällen: Der Geschädigte darf während der Reparatur seines Autos oder während der Wiederbeschaffungsdauer für ein Ersatzfahrzeug einen Mietwagen fordern, wenn er die finanzielle → Nutzungsentschädigung ausschlägt. Hier schauen die wenigsten auf die Kosten – zahlt ja angeblich alles die Versicherung. Von wegen! Allemal muß man 15 Prozent selbst tragen, die man sich an Eigenbetriebskosten erspart. Zudem weisen Haftpflichtversicherung und Gericht gerne stirnrunzelnd darauf hin, daß man zum nächsten Aldi deutlich billiger mit der Straßenbahn oder dem Taxi hätte fahren können und außerdem einen viel zu teuren Anbieter ausgesucht hätte (Schadensminderungspflicht). Dagegen wenden die Anwälte des Geschädigten dann meist vergeblich ein, im ersten Nach-Unfall-Streß sei man nicht in der Lage, Marktforschung zu betreiben.

**Mitverschulden**

Eine der Sternschnuppen am Argumentationshimmel des Rechtsanwalts:

Wenn der eigene Mandant schon nicht völlig unschuldig ist, so sind andere, insbesondere die Opfer, doch zumindest ebenso schuldig:

Das Opfer einer Vorfahrtsverletzung hätte ja auch im Schritt-Tempo fahren können, das Opfer einer Notzucht hatte abends allein auf einer Party nichts verloren, und das Opfer eines Wohnungseinbruchs hätte besser die Fenster vergittert.

Weitere sehr geeignete Mitschuldige: die Eltern, die Kindheit, die Verhältnisse, die Frauen, die Männer, das Fernsehen, der Alkohol, der Zeitgeist.

**Mobiliarzwangsvollstreckung**
Keine Angst: Mobiliar wird nicht gepfändet. Es handelt sich dabei um die Zwangsvollstreckung in bewegliche Gegenstände allgemein. Sie bleibt meist erfolglos, weil die Gerichtsvollzieher zu unbeweglich sind.

**Mord**
»Totschlag ist, wenn man einen im Affekt umbringt, Mord, wenn man die Sache vorher eiskalt geplant hat.« So die unausrottbare Überzeugung der Nichtjuristen. In Wirklichkeit ist Totschlag der Grundtatbestand der vorsätzlichen Tötung. Damit der Totschlag zum Mord wird, bedarf es der besonderen Verwerflichkeit in Gestalt sogenannter mordqualifizierender Merkmale, als da sind:

- abscheuliche Motive: Mordlust, Befriedigung des Geschlechtstriebs, Habgier oder sonstige niedrige Beweggründe;
- abscheuliche Begehungsweisen: Heimtücke, also Ausnutzug der Arg- und Wehrlosigkeit, Grausamkeit oder gemeingefährliche Mittel;
- abscheuliche Ziele: Ermöglichung oder Verdeckung einer Straftat.

**Nachbarn**
Nachbarn sind Leute mit einem klar umrissenen Lebenszweck:
Die Vereitelung des Grillens, des Pflanzens, des Baumwachstums, der Aushebung von Teichen, der Haltung von Haustieren, der Duldung von herrenlosen Tieren, des Wachsens von Wildkräutern und jeglicher menschlicher wie animalischer oder maschineller Lebensäußerung – *jenseits der Grundstücksgrenzen.*

**Nachbarschaftsprozeß**
Crash-Kurs in Misanthropie.

**Nachbesserung**
Eine Nachbesserung ist das, was man beim Autokauf gemäß dem Kleingedruckten (Allgemeine Geschäftsbedingungen) verlangen darf, aber nach der Rechtsprechung bei Mißerfolg nur dreimal verlangen muß. Wenn die Karre dann immer noch nicht in Ordnung ist, bekommt man sein Geld zurück.

**Nachmieter**
Vorbestrafte, zahnarme, aber gut durchtätowierte Sozialhilfeempfänger oder auch eine kinderreiche Musikerfamilie mit gefährlichem Kleinzoo und Rechtsschutzversicherung, die dem überraschten Vermieter von Mietern präsentiert werden, die sich entgegen der vertraglichen Abmachung aus einem befristeten Mietverhältnis vorzeitig verabschieden wollen.

**Nachtrunk**
Alle betrunkenen Schlauberger, die Schlangenlinien fahrend gesehen wurden, aber noch nicht gestellt werden konnten, erzählen später dem Richter, der Blutalkohol entstamme vorwiegend dem nach der Fahrt in aller Eile und in rauhen Mengen genossenen Cognac. Nun gut, sagen Richter und Staatsanwalt synchron gähnend und fordern eine entlarvende Begleitstoffanalyse an. Jeder Alkohol hat nämlich seine spezifischen Begleitstoffe, nämlich Acetaldehyd, Methanol, Essigsäureäthylester, Essigsäurepropylester, Propanol 1, Butanol 1 und 2, Isobutanol sowie 2- und 3-Methylbutanol 1. Wenn die Begleitstoffanalyse zum Bier paßt und die Cognac-Begleitstoffe überhaupt nicht vorkommen, ist die Nachtrunk-Story widerlegt, und die Rechtsschutzversicherung des Trinkers zahlt noch gut 1.000 DM Kosten drauf.

**Namensrecht**
Das Gesetz sieht nach der Reform von 1993 folgendes vor:
- Man *soll* einen Ehenamen bestimmen, *muß* aber nicht.
- Zusammengesetzte Ehenamen gibt es nur noch in dem Fall, daß einer der Partner bereits einen zweigliedrigen Geburtsnamen mitbringt.
- In einer Vorehe erheiratete Namen können nicht Ehenamen werden.
- Jeder darf aber dem Ehenamen seinen abweichenden eigenen Namen – egal, ob Geburtsname oder erheirateter Name – voranstellen oder anfügen.

Sehen wir uns also den Strauß von Möglichkeiten anhand des folgenden Beispiels an: Frau Kuß-Wallach heiratet Herrn Bischof.

| | **Kuß-Wallach** | | **Bischof** |
|---|---|---|---|
| | *Abweichender persönlicher Frauenname* | *Ehename* | *Abweichender persönlicher Mannesname* |
| 1. | | Bischof | |
| 2. | | Kuß | |
| 3. | | Kuß | Bischof-Kuß |
| 4. | | Kuß | Kuß-Bischof |
| 5. | Kuß | Bischof | |
| 6. | Kuß-Bischof | Bischof | |
| 7. | Bischof-Kuß | Bischof | |
| 8. | Wallach-Bischof | Bischof | |
| 9. | Bischof-Wallach | Bischof | |
| 10. | Kuß-Wallach | Bischof | |

**Naturalunterhalt**
Der eine Elternteil leistet nach der Trennung den Naturalunterhalt, der andere Barunterhalt. Gerät diese unterhaltsrechtliche Arbeitsteilung durcheinander, weil beide Eltern zeitanteilig die Kinder versorgen und der eine vom anderen Kindesunterhalt verlangt, schaut der Familienrichter vorwurfsvoll drein, weil er nicht weiß, was er machen soll. In der Regel wird er die Barunterhaltspflicht des Mitbetreuenden kürzen. Aber wie immer er entscheidet – die Berufungsinstanz dräut.
→ Düsseldorfer Tabelle
→ Barunterhalt

**Nebenklage**
Sie bietet dem Verletzten oder Angehörigen die große Chance, im Strafprozeß neben dem Staatsanwalt den Racheengel zu spielen.

**Nettoeinkommen, bereinigtes**
Unterhaltsrechtler betreiben eine der seltenen Arten der Reinigung, bei denen das Volumen des Reinigungsgegenstandes wächst:
Das bereinigte oder unterhaltsrelevante Nettoeinkommen hat wenig mit dem zu tun, was die Unterhaltspflichtigen angeben, also den Auszahlungsbetrag. Draufzupacken sind aber: vermögenswirksame Leistungen, Sonderzahlungen wie Weihnachts- und Urlaubsgeld, ein Drittel der Spesen, Steuerrückzahlungen u. v. m. Abziehen muß man gegebenenfalls das Kindergeld, den VWL-Anteil des Arbeitgebers und vielfach den Beitrag zur Krankenversicherung. Außerdem die berufsbedingten Aufwendungen, die sich mit fünf Prozent pauschalieren lassen.

**Nichteheliche Lebensgemeinschaft**
Diese Art des Zusammenlebens führt leider, wie die meisten ihrer Betreiber verkennen, nur dazu, daß der nervlich, körperlich oder finanziell schwächere Partner zugleich der Gelackmeierte ist, wenn das Spiel endet: kein Versorgungsausgleich, kein Unterhalt, kein Zugewinnausgleich, keine Hausratsteilung, kein Erbrecht. Hinzu kommen die von beiden Partnern zu tragenden sozialstaatlichen Defizite: keine Witwenrente, keine steuerlichen Privilegien, im Negativbereich jedoch Gleichstellung mit der Ehe wie Anrechnung des Partnereinkommens auf Arbeitslosenhilfe, Sozialhilfe, Wohngeld usw.
Für die Väter bringt die nichteheliche Lebensgemeinschaft den gerne übersehenen Nachteil, daß sie im Hinblick auf die gemeinsamen Kinder nur Pflichten, aber keine Rechte haben: Ein Umgangsrecht kann nur gegen den Wortlaut des Gesetzes durchgesetzt werden, und eine Sorgerechtsübertragung auf den Vater ist vollkommen unmöglich.
Zuverlässige Umfragen haben ergeben, daß die Verhaltensmuster in der »Ehe ohne Trauschein« denen in der wirklichen Ehe gleichen. Multitalent Erich Mühsam, in den zwanziger Jahren vorwiegend als politischer Anarchist hervorgetreten, hat das in dem Schauspiel »Die Freivermählten« sehr sinnfällig dargestellt. Eine der Hauptfiguren des Dramas geißelt die spießigste Form der nichtehelichen Lebensgemeinschaft so:
»Ihre freie Ehe ist keine freie Ehe. Der standesamtliche oder pastorale Segen ist nur die Begleitadresse zu dem Paket, in das man sich mit dem Ehepartner einschnürt. Daß Sie darauf verzichten, ist höchst unpraktisch. ... Auf die Eheschließung verzichtet ihr, aber für die Eheführung nehmt ihr euch den ersten besten Käsehändler zum Muster ...«
Was bleibt an Unterschieden? Der rechtliche Unterschied zur Ehe be-

steht schlicht darin, daß der, der mehr hat, bei einer Trennung nichts herzugeben braucht. Daneben erhält man sich allenfalls die doppelte Illusion, daß sich die nichteheliche Beziehung ohne Einmischung der Rechtspflege jederzeit wieder trennen läßt und daß der andere sich zur Abwendung dieses Risikos in jedem Fall gut benehmen wird.

**Notare**
Kleine Notariate sind für den Betreiber eine Plage, große die Lizenz, sich sein Geld quasi selbst zu drucken.
→ Nurnotare
→ Anwaltsnotare
→ Amtsnotare

**Notarielles Testament**
Dabei handelt es sich um ein vom Notar entworfenes und beurkundetes Testament. Das kommt zwar nicht billig, aber immer noch billiger als der Erbschein oder – bei Ehegattentestamenten – die Erbscheine, die man immer braucht, wenn das Testament selbstverfaßt ist. Vor allem ist es unmißverständlich und steht wie eine Mauer.

**Notwehr**
Zu den meisten Körperverletzungsdelikten kommt es in Notwehrsituationen – nach Auskunft der Täter zumindest. Der größte Teil davon gehört zur Rubrik »Schutzbehauptung«. Ebenfalls nicht als Notwehr zählen die Fälle, in denen jemand Notwehr gegen Notwehr übt.
Beispiel: Ein Einbrecher wird vom jäh erwachten Wohnungsmieter attackiert und schlägt ihn nieder.
Bei einem nur kümmerlichen Rest handelt es sich um echte Notwehr, also »die Verteidigung, die erforderlich ist, um einen gegenwärtigen rechtswidrigen Angriff von sich oder einem anderen abzuwenden«, wie es in § 32 II StBG heißt. Als gegenwärtiger Angriff zählt auch ein unmittelbar bevorstehender, nicht aber ein bereits abgeschlossener. Deshalb ist Notwehr gegen Beleidigungen außerordentlich schwierig: Entweder weiß man noch nicht, was kommt, oder der Minuskavalier wendet sich bereits zum Gehen. Es klappt praktisch nur bei Stotterern.

**Nurnotare**
Notare, die nicht zugleich Rechtsanwälte sind (→ Anwaltsnotare) und deshalb wenig mehr zu tun haben, als Grundschuldbestellungsurkunden, Kaufverträge, Testamente und Gesellschaftsverträge vorzulesen, die von den Formularausschüssen der Banken bzw. vom eigenen Bürovorsteher oder vom Steuerberater entworfen worden sind.

**Nutzungsentschädigung**
Unterfall des Schmerzensgeldes: Es ist die Entschädigung dafür, daß man sein Auto nicht nutzen kann, während es repariert wird – mit einem Tagessatz von etwa 40 bis 150 DM. Selbstverständlich stellt dies eine Spezialität des deutschen Rechts dar.

**Oberlandesgerichtsbezirke**
Die alte Bundesrepublik hatte 19 davon, die Ex-DDR steuerte noch weitere fünf bei: Rostock, Brandenburg, Jena, Naumburg und Dresden. In jedem Bezirk ist die Rechtsprechung – vor allem im Familienrecht – anders. Ab und zu raunt der BGH etwas dazwischen, was die Oberlandesgerichte nicht sonderlich interessiert. So sieht angewandter Justizföderalismus aus.

**Objektivität**
Anwälte müssen sie immer unterdrücken. Richter, Notare und Staatsanwälte reklamieren sie permanent für sich. Doch niemand verfügt wirklich über sie.

**Obligatorische Zivilehe**
Die Geschichte des Eherechts zeigt drei miteinander verquickte Entwicklungslinien:

– vom Status zum Kontrakt,
– vom kirchlichen zum weltlichen Recht,
– von der Unauflöslichkeit zum Scheidungsrecht.

Die Säkularisierung des Eherechts fand ihren vorläufigen Abschluß in der Einführung der obligatorischen Zivilehe (Pflicht-Zivilehe) im Deutschen Reich (1875): Gültig war fortan nur noch die vor einem Standesbeamten geschlossene Ehe; die kirchliche Trauung stellt rechtlich betrachtet nichts weiter dar als Folklore.

**Offenbarungseid**
Leute, die ihn ablegen, sind keine Offenbarung, aber sie offenbaren nicht weniger als das eherne Dreieck aus leeren Taschen, limitierter Wahrheitsliebe und der Neigung, dem Staat nachzueifern, denn auch der gibt mehr Geld aus, als er hat.

**Ordentliche Gerichtsbarkeit**
Das einzig ordentliche an der ordentlichen Gerichtsbarkeit ist das Bedürfnis der Richter und Justizangestellten, ordentlich blauzumachen: Ab Mittag ist dort niemand mehr zu erreichen außer dem Hausmeister.

Der → Instanzenzug verläuft folgendermaßen: Amtsgerichte, Landgerichte, Oberlandesgerichte und Bundesgerichtshof.

Außer der ordentlichen gibt es noch Fachgerichtsbarkeiten (Finanz-, Arbeits-, Verwaltungs- und Sozialgerichtsbarkeit). Ordentlich gearbeitet wird aber auch dort nur selten.

**Ordnungswidrigkeiten**
Dazu zählen diese merkwürdigen nichtkriminellen Verstöße, die es, wenn man die vermeintlichen Täter fragt, nur in der Phantasie der Verfolger gibt. Im Verkehrsrecht etwa: Kein Betroffener ist je bei Rot über die Ampel oder generell zu schnell gefahren, und noch nie hat irgendein BMW-Fahrer falsch überholt.

**Ordre public**
Ausdruck des Kulturimperialismus im internationalen Privatrecht: Wenn eigentlich ausländisches Recht anzuwenden ist, besinnt man sich auf die tragenden Grundsätze des überlegenen eigenen Wert-, Gesellschafts- und Rechtssystems. Und schon ist das retardierte Recht der anderen vom Tisch gewischt.

**Parteiverrat**
Bezeichnet nicht die Angewohnheit mancher Politiker, bei einschneidenden Änderungen der Programm- und Personalkollektion die Partei zu wechseln, sondern das Schlimmste, was man einem Rechtsanwalt vorwerfen kann: die Interessen des Gegners zu vertreten statt die des Mandanten.

Der Vorwurf wiegt etwa so schwer wie der an einen Gynäkologen, er habe seine Patientinnen vergewaltigt. Dennoch wird er oft laut – und zwar immer dann, wenn ein Rechtsanwalt den Hinweis wagt, das Gericht könne sich möglicherweise gegen den Standpunkt des Mandanten entscheiden.

**Passivvermögen**
Vornehmer Ausdruck für die Gesamtheit der Schulden.

Das Passivvermögen ist im Gegensatz zum Aktivvermögen gar nicht passiv: Es aktiviert die Magensäfte und den Pulsschlag der Gläubiger, bringt die Gerichtsvollzieher und die Zwangsvollstreckungsabteilung des Amtsgerichts auf Trab und mobilisiert in Härtefällen auch die Faustfeuerwaffen sonnenbrillentragender Inkassospezialisten: Kühle Pistolenmündung an die Schläfe und ein herzliches: »Wir kommen wieder, Baby.« Letzteres ist jedoch im Inland unüblich.

**Pauschale Nebenkosten**
Dieser Betrag von 40 bis 50 DM, auch Parteikostenpauschale genannt, wird von Haftpflichtversicherungen an die Geschädigten gezahlt. Die Pauschale dient unter anderem dem Ersatz der Portogebühren, Telefonate und abgelaufenen Schuhsohlen nach einem Verkehrsunfall.

**Pfändungsfreibeträge**
So heißen Einkommensbestandteile, die dem Schuldner im Rahmen der Lohnpfändung belassen werden müssen. Meist hat er – jedenfalls offiziell – ohnehin nicht mehr. Die Schmach des Gläubigers ist eine dreifache: Er läuft hinter seinem Geld her, trägt die Vollstreckungskosten und wird auch noch ausgelacht.

**Pfändungsfreie Sachen**
In der Praxis ist der gesamte Hausrat pfändungsfrei. Erst recht das, was der Schuldner auf dem Leib trägt. Das letzte Seidenhemd, die letzte Rolex und das allerletzte Goldkettchen dürfen also niemandem weggenommen werden.

**Pflegeversicherung**
Dieser jüngste Zweig der Sozialversicherung entsproß vor kurzem der Legislative. Damit soll in erster Linie verhindert werden, daß habgierige Endvierziger vom ergeierten Vermögen ihrer Eltern wieder etwas für deren Pflegeunterhalt herausrücken müssen.
→ Schenkungswiderruf

**Pflichtteilsanspruch**
Erbrechtliches Trostpflaster für betrogene Ehemänner/-frauen und übergangene Kinder. Immerhin kann die Hälfte des gesetzlichen Erbanspruchs in Geld von dem/den Erben verlangt werden. Damit erspart sich der Pflichtteilsberechtigte auch gleich die unerquickliche Erbauseinandersetzung um den Nachlaß – also um Möbelstücke etc. Motto: Behaltet euren Krempel und her mit der Kohle.

**Pflichtteilsstrafklausel**
Diese Klausel bauen mißtrauische Eltern auf den Rat skeptischer Notare hin in → Berliner Testamente ein: Verlangt das Kind nach dem Tode des erstversterbenden Elternteils den Pflichtteil, so soll es auch nach dem Tode des Längerlebenden nur den Pflichtteil bekommen.

**Positive Vertragsverletzung**
Für das Opfer oft so positiv wie ein positiver HIV-Test. Die PVV ist eine Verletzung vertraglicher Nebenpflichten, die Schadensersatz auslöst. Übrigens stellt sie ein reines Richterrecht dar: Vom Gesetzgeber wurde sie bei der Schaffung des Bürgerlichen Gesetzbuchs vor knapp 100 Jahren schlicht vergessen.

**Prägende Einkünfte**
So heißen Einkünfte, die die ehelichen Lebensverhältnisse bestimmt haben. Sie prägen auch die nacheheliche Unterhaltspflicht. Die Zukunftsvision: Jede/r geldverdienende Ge-

schiedene wird nach Verkündung des Scheidungsurteils mit einem Prägestempel »Unterhaltstauglich!« versehen, vielleicht in unterschiedlichen Farben, je nach Einkommensklasse.

**Privatentnahmen**
Gelder, die der Selbständige oder Unternehmer für betriebsfremde Zwecke in Anrechnung auf seinen Gewinn dem Betriebsvermögen entnimmt. Sieht man sich die Einkommensauskünfte für die Unterhaltsberechnung an, leben merkwürdigerweise alle über ihre Verhältnisse: Niemand macht Gewinn, aber es wird unerschrocken entnommen.

**Privatschriftliches Testament**
Diese Testamentsform hat ihre Tücken: Sie muß komplett handschriftlich verfaßt sein. Der unterschriebene Schreibmaschinentext ist null und nichtig, voll gültig hingegen eine mit dem Zeigefinger auf die beschlagene Fensterscheibe gekritzelte Verfügung. Handschriftliche Testamente passen zu einer Nach-mir-die Sintflut-Gesinnung: Der Erbe braucht nachher nämlich einen Notar für den Erbscheinsantrag.
Ist das Testament handschriftlich verfaßt, findet man meist ein sütterlin-lateinisches Mischgekrakel vor, etwa mit folgendem Text:

*Nach mein Tod soll meine Frau das Haus kriegen und Wolf-Dietrich die Sparperzikate. Erwin der mir immer viel Kummer gemacht hat soll die Happimack-Aktien haben damit daß er man Urlaub von seiner Frau machen kann dem Luder. Was sonst noch da ist, bekommt meine Patentochter Lydia und von meiner Frau was sie will und sollen sich die beiden den Rest teilen.*
*Unterschrieben im Volbesitz meiner geistigen Krefte*
*Franz Vieweg*

In der Folge zerbeißt sich eine ganze Juristenschar die Fingernägel bei dem Versuch, durch Auslegung unter anderem herauszufinden, ob Erwin Vermächtnisnehmer, Vorausvermächtnisnehmer oder Erbe (Quote?) oder Adressat einer Teilungsanordnung ist. Dabei geht letztendlich ein Vielfaches desjenigen Geldes drauf, das der Erblasser mit seiner geschliffenen Prosa zu sparen glaubte.

**Prozeßbetrug**
Als Verstoß gegen die Wahrheitspflicht Spezialdisziplin all derer, die einen Zivilprozeß führen. Bleibt meist im Versuch stecken, weil Juristen auch nicht jeden Quatsch glauben.

**Prozeßkostenhilfe**
Prozeßkostenhilfe verleitet aus Gerichtsperspektive angeblich arme Menschen mit querulantischen Neigungen dazu, die Justiz mit Rechtshändeln zu behelligen, statt sich zu Hause auszutoben, bloß weil sie ihren Anwalt zum Nulltarif bekommen. Aus der Anwaltsperspektive ist sie ein unverzichtbares Umsatzsegment: Rund 80 Prozent aller Scheidungs-

und Unterhaltssachen laufen über PKH, weil die Mandanten wirklich arm dran sind und keinen → Prozeßkostenvorschuß erlangen können.

**Prozeßkostenvorschuß**
Einen Anspruch darauf besitzen Kinder gegen ihre Eltern und Eheleute gegen ihre(n) Partner(in), wenn sie einen Prozeß führen wollen, aber nicht genug Geld dafür haben. Meist richtet sich sowohl der Prozeßkostenvorschußanspruch wie auch das Klagebegehren selbst gegen den Vater bzw. Ehemann. Der zahlt somit wissentlich den Knüppel, der wenig später auf ihn niedersausen wird.

**Punktekatalog**
Der Punktekatalog ist das Ordnungsprinzip, das das persönliche Punktekonto des Autofahrers steuert. Für Verkehrsordnungswidrigkeiten gibt es null bis drei Punkte – in happigen Fällen mit einem Fahrverbot als Zugabe –, für Verkehrsstraftaten fünf bis sieben Punkte. Das persönliche Konto zeigt eine Spiegelung, aber auch eine Umkehrung des Sports: Wer im Fußball zur Winterpause 18 Punkte hat, ist gemeinhin vor dem Abstieg nicht sicher. Wer als Motorisierter 18 Punkte hat, macht eine Pause bis zum nächsten Winter und erlebt den Abstieg in die Fußgängerliga. Und das sicher.

**Quasisplitting**

Bei der Scheidung von Beamtenehen existiert diese spezifische Versorgungsausgleichsform. Da viele Beamte Lehrer sind und wegen günstiger Zerrüttungsbedingungen die Hälfte aller Lehrerehen geschieden wird, steht diese Versorgungsausgleichsform auf dem Sprung zur Spitze. Das erhöht die Beliebtheit der Lehrerschaft unter den Anwälten übrigens keineswegs. Der Ausgleich erfolgt so, daß zu Lasten des Ausgleichspflichtigen (gegenüber dem für ihn zuständigen Träger der Beamtenversorgung) in der gesetzlichen Rentenversicherung eine Rentenanwartschaft begründet wird. Das gilt selbst dann, wenn beide Eheleute Beamte sind und ausschließlich in der Beamtenversorgung Anwartschaften erworben haben. Es gibt also selbst unter Beamten keine teilweise Übertragung von Pensionsansprüchen.

## Radarmeßgeräte

Sie stellen eine Art moderner Antigötzen dar: Wer dran glauben muß, glaubt ihnen nicht.

Wer gerast ist, gerät erst richtig in Raserei, wenn man ihm achselzuckend das Meßprotokoll mit Frontfoto vorlegt. Die Unschuldsbeteuerungen liegen in den folgenden drei Hauptvarianten vor:

- Ein Doppelgänger hat das Auto gestohlen und nach dem Frevel zurückgebracht.
- Das Radargerät war gestört.
- Die Bullen haben das Protokoll gefälscht.

**Raub**

Diebstahl unter Gewaltanwendung. Fragt man den Räuber, ist der Beklaute selber schuld: Warum hat er es nicht freiwillig hergegeben?

**Realsplitting**

Das begrenzte Realsplitting ist eine verkümmerte Fortsetzung des Ehegattensplittings nach der Trennung: nämlich die Option, Unterhaltsleistungen von bis zu 27.000 DM für die Noch- oder Nichtmehr-Ehefrau als Sonderausgaben (§ 10 I EStG) von der Steuer abzusetzen, falls diese die berühmte → Anlage U unterschreibt.

Kleiner Pferdefuß: Die Frau muß dann den Unterhalt versteuern und unterschreibt deshalb nur, wenn sie die Einkommensteuer auf den Mann abwälzen darf.
Alternativ dazu kann man die steuerliche Abzugsmöglichkeit nach § 33a I EStG geltend machen. Lohnt sich aber nur selten.
Haarig wird es in den Fällen, in denen die Unterhaltsleistungen zu einem besonders hohen Einkommen des zweiten Ehemannes hinzukommen. Da die Ehegatten gemeinsam veranlagt werden, ist plötzlich der harmlose Unterhalt mit 53 Prozent zu versteuern, und die Anlage U lohnt sich überhaupt nicht mehr (für den ersten Mann). Was tun? Die Antwort ist umstritten. Der BGH verfährt so, daß der Geschiedene nur eine *fiktive Steuerlast* unter Zugrundelegung getrennter Veranlagung (§§ 26, 26a EStG) zu tragen hat, also die, die anfallen würde, wenn allein der Unterhalt zu versteuern wäre, gegebenenfalls unter Einbeziehung des eigenen Arbeitseinkommens der Berechtigten.
Für die unterhaltsberechtigte Frau besteht kein Anspruch auf unmittelbare Beteiligung an den steuerlichen Vorteilen des Realsplittings. Sie kann also nur verlangen, daß ihr steuerliche Nachteile erspart bleiben.

**Rechtsanwälte**
Anwälte und Huren üben verwandte Berufe aus. Jeder, den diese Feststellung kränkt, möge sich folgende Gemeinsamkeiten vergegenwärtigen:

1. Beide Berufe sind gesamtgesellschaftlich unverzichtbar.
2. Die Vertreter der Gruppen üben sehr alte Gewerbe aus und zahlen trotzdem keine Gewerbesteuer.
3. Bei Inanspruchnahme leidet die Klientel unter Schwellenängsten.
4. Manche Klienten wären bei einer dritten Gruppe besser aufgehoben: den Psychiatern.
5. Anwälte wie Huren müssen eine innere Beteiligung zur Schau stellen.
6. Ihre Bemühungen sind oft vergeblich, aber fast nie umsonst.
7. Um letzteres sicherzustellen, werden Anwälte wie Huren nur gegen Vorkasse tätig.

**Rechtsgefühl**
Die politisch korrekte Version des Fachausdrucks »Interessenlage«.

**Rechtsmittel**
Instrumente, mit denen man die Überprüfung einer Entscheidung durch eine höhere Instanz erreichen kann. Die wichtigsten sind Erinnerung, Beschwerde, Berufung und Revision. Dennoch gibt es unabänderliche Entscheidungen. Darunter fallen vor allem
- amtsgerichtliche Urteile in Zivilsachen mit einem Streitwert bis 1.500 DM (die Grenze verlagert sich alle paar Jahre nach oben),
- Entscheidungen des Bundesverfassungsgerichts,
- Urteile des Jüngsten Gerichts.

→ Berufung
→ Revision

**Rechtsschutzversicherung**
Wenn es nach den Anwälten ginge, würde die Rechtsschutzversicherung im Kielwasser der Pflegeversicherung als fünfter Zweig in das Sozialversicherungssystem integriert. Wegfallen sollten übrigens die häßlichen sogenannten Allgemeinen Risikoausschlüsse, die nicht auf der Verpakkung, sondern nur im Kleingedruckten stehen: Nicht versicherbar sind demnach unter anderem Familiensachen (→ Familienrechtsschutz), Bauprozesse und vorsätzliche Straftaten (Ausnahme von der Ausnahme: Verkehrsstraftaten, die man vorsätzlich wie fahrlässig begehen kann; Ausnahme von der Ausnahme zur Ausnahme: Wenn wegen Vorsatz verurteilt wird, fällt der Rechtsschutz im nachhinein doch wieder weg).

**Rechtsweggarantie**
Art. 19 IV Grundgesetz lautet: »Wird jemand durch die öffentliche Gewalt in seinen Rechten verletzt, so steht ihm der Rechtsweg offen.« Das klingt so, als würde dem Opfer huldvoll gestattet, eine Gruppe ihm namentlich nicht bekannter Punker auf Schadensersatz zu verklagen, nachdem diese seinen Laden zerlegt haben. Die öffentliche Gewalt stellen jedoch genau die dar, die diese öffentliche Gewalt zulassen.

**Regelbedarfsverordnung**
Sie bestimmt alle paar Jahre den monatlichen Mindestbedarf nichtehelicher Kinder neu. Bei ihrer Lektüre merkt man schon nach wenigen Zeilen, daß sie offenkundig von Kinderlosen ausgeheckt wird, die höchstens wissen, was Hundefutter, Flugzeugbenzin, Scampi, Gleitcreme und Altarkerzen kosten.

**Relativer Vorrang**
Der relative Vorrang der ersten Ehefrau bedeutet, daß zwar alle Frauen unterhaltsrechtlich gleich sind, aber die erste noch gleicher ist, wenn sie vom Geschiedenen Kinder hat. Dann geht die zweite leer aus – Grund genug, die latente Feindseligkeit der Vorgängerin zu erwidern.

**Rentenformel**
Die eigene künftige Rente kann man sich nach folgender Formel (§ 64 SGB VI) selbst ausrechnen:
»Persönliche Entgeltpunkte mal Rentenartfaktor mal aktueller Rentenwert bei Rentenbeginn.«
Das Schwierigste an der Formel sind zweifelsfrei die persönlichen Entgeltpunkte. Sie stellen den individuellen Faktor in der Rentenrechnung dar. Je mehr Punkte man erwirbt, desto mehr Rente bekommt man eines Tages.
Die laienhafte Überlegung lautet: Je mehr man verdient, desto höher die Beiträge zur Rentenversicherung und damit auch die Rente. Warum also koppelt man dann die Rente nicht gleich an die geleisteten DM-Beträge statt an die merkwürdig abstrakten Entgeltpunkte? Das erklärt sich daraus, daß die Mark nicht immer gleich viel wert war und es deshalb einen

großen Unterschied macht, ob im Jahre 1963 oder im Jahre 1996 monatlich 350 DM in die GRV hineingebuttert wurden. Den wahren Wert des jeweiligen Beitrags erkennt man am besten, wenn man nicht mit absoluten, sondern mit relativen Zahlen arbeitet, d. h., wenn man das individuelle sozialversicherungspflichtige Jahresbruttoeinkommen ins Verhältnis setzt zum Durchschnittsbruttoeinkommen aller Versicherten. Daran sieht man, um wieviel Prozent das Individualentgelt über dem Durchschnittsentgelt liegt. Sind die beiden Werte identisch, bekommt der Versicherte *einen* Entgeltpunkt. Hat er 50 Prozent mehr verdient als der Schnitt, erhält er 1, 5 persönliche Entgeltpunkte.

Das Durchschnittsentgelt wird jährlich zum 31. Dezember durch Rechtsverordnung festgestellt bzw. fortgeschrieben (§ 69 II 1. SGB VI).

Die beiden übrigen Faktoren der Rentenformel lassen sich leichter erklären:

Der Rentenartfaktor bestimmt »das Sicherungsziel der jeweiligen Rentenart« (§ 63 IV SGB VI), sprich, er stellt sicher, daß der Rententräger die Rente leisten kann. Beim Altersruhegeld und bei der Erwerbsunfähigkeitsrente beträgt der Faktor 1,0. Schön einfach. Bei der Berufsunfähigkeitsrente beträgt er 0,6667.

Der aktuelle Rentenwert schließlich bringt den Wert der persönlichen Entgeltpunkte als Monatsrente auf den zeitlichen Stand, in dem die Rente gezahlt wird oder – fiktiv – gezahlt werden würde, wenn die Anwartschaft zum Ende der Ehezeit in eine Rente umschlüge. Man braucht ihn vor allem für die Errechnung des → Versorgungsausgleichs.

Der Faktor wird alljährlich zum 1. Juli (§ 65 SGB VI) der Entwicklung des Durchschnittsentgelts angepaßt – unter Berücksichtigung der Belastungsveränderung bei Löhnen und Renten durch Steuern und Beiträge (§ 63 VII SGB VI). Entsprechend der Änderung des aktuellen Rentenwerts gleicht man zu diesem Zeitpunkt auch die Renten an, d. h. erhöht sie. Wer weiß, wie lange noch …

**Reparaturkosten**

In der Schadensregulierung unterscheidet man konkrete und abstrakte (»fiktive«) Reparaturkosten. Als konkret gelten diejenigen, die tatsächlich entstanden sind und sich durch eine Reparaturrechnung nachweisen lassen. Abstrakt heißen die Kosten, die entstehen würden, wenn repariert würde. Als Grundlage dient ein Kostenvoranschlag oder ein Gutachten. Geschädigte können es sich aussuchen, ob sie reparieren lassen oder – gegebenenfalls nach einer Notreparatur – mit einem Wrack herumdümpeln, das Geld verbraten und allen, die es nicht hören wollen, erzählen, die Versicherung habe sie übers Ohr gehauen.

**Resorptionsdefizit**

Das erfreulichste Defizit des Straßenverkehrsrechts:

Es bezeichnet denjenigen Teil des genossenen Alkohols, der gar nicht erst ins Blut gelangt, also vom Körper nicht resorbiert wird. Ursache sind alkoholabbauende Fermente in Magen und Dünndarm. Die Quote beträgt zehn bis 20 Prozent. Je mehr man säuft, desto höher liegt die Quote. Wer sich also zehn Bier à 0,5 Liter reinzieht, resorbiert nur acht davon. Leider reicht es auch in diesem Fall bei 80 Kilogramm Körpergewicht und vierstündigem Zechen immer noch für 2,2 Promille.

**Revision**
Revision bedeutet, auf dem Boden des von der letzten Tatsacheninstanz festgestellten Sachverhalts Verletzungen materiellen oder formellen Rechts zu rügen.

Ein erfundenes Beispiel außerhalb des geltenden Rechts:
Entscheidet der Schiedsrichter auf Tor, so hätte die → Berufung gegen diese Tatsachenentscheidung die Feststellung zum Ziel, daß der Ball durchs Außennetz hereinkullerte.
Die Revision *muß* dagegen von der Annahme ausgehen, daß der Ball die Torlinie überschritten hat; Ziel ist dann die Feststellung, daß das Tor trotzdem nicht zählt, weil der Schiedsrichter blind, betrunken oder gar parteiisch war.

**Risikoausschluß** → Rechtsschutzversicherung

**Rotlichtverstöße** → Bußgeldkatalog

**Ruhkopf-Sahm** → Wertminderung

**Sachverständige**
Sie gelten als recht empfindlich. Zwar haben sie gemeinhin kein breites Kreuz – aber immerhin einen breiten Rücken, hinter dem sich die Richter mit ihren Urteilen verstecken können.

**Sättigungsgrenze**
Diese Unterhaltsobergrenze wird vom BGH verneint. Also gilt es, den konkreten Bedarf zu ermitteln (→ anerkennenswerter Lebensbedarf). Doch was braucht man so, wenn man von einem begüterten Partner geschieden wird?
Einige Beispiele: OLG Köln: 9.145 DM, in einer anderen Entscheidung 11.360 DM. OLG Hamm: 6.000 DM. Der zweitgenannte Betrag wurde einer ehemaligen MTA bei der Scheidung von einem Radiologen zugesprochen. 2.300 DM fielen dabei *pro Monat* unter die Rubrik Klamotten.

**Schadengeneigte Arbeit** → Gefahrgeneigte Arbeit

**Schadensersatz**
Schadensersatz bedeutet die naturale Wiederherstellung des *Status quo ante*, also des Zustands vor Schadenseintritt. Nicht weniger, aber auch nicht mehr. Der Geschädigte muß also so gestellt werden, als wäre nichts gewesen.
Diese schlichte Wahrheit ist heute in Vergessenheit geraten. Viele Anwälte und Richter haben allergrößte Probleme, wenn sie ihren Mandanten

klarzumachen versuchen, daß *Schadensersatz einen Schaden voraussetzt* und nicht nur eine gewisse Begabung beim Abzocken.

**Scheidung**
Die Umkehrung der Hochzeit: Heiraten ist teuer, macht Spaß – und kurz darauf beginnt das Elend.
Die Scheidung ist vergleichsweise billig, macht überhaupt keinen Spaß – und kurz darauf beginnt eine Phase des unerkannten Glücks, die intensiv dazu genutzt wird, sich wieder ins Elend zu stürzen.

**Scheidungsfolgenvergleich**
Eine Folgenvereinbarung kommt nie zu früh und nie zu spät zustande. Sie ist die einzige vernünftige Alternative zu einem Zwei- oder Dreiinstanzenprozeß über Unterhalt, Sorgerecht und Zugewinnausgleich, der Nervenkostüm und Vermögen gleichermaßen ruiniert.

**Scheidungsquote**
Jede dritte Ehe wird geschieden. Beim Anblick eines Brautpaars glänzen die Augen des Scheidungsanwalts.

**Scheidungsverfahren**
Der Prozeß dauert etwa so lange wie eine Schwangerschaft, aber es gibt immerhin keine Totgeburten.

**Scheitern der Ehe**
Voraussetzung für die Scheidung. Eine bloße Zerrüttung reicht nicht. Es ist wie mit dem Unterschied zwischen Ruine und Trümmerhaufen. Eine Ruine kann man mit hohem Kostenaufwand wieder in ein brauchbares Haus verwandeln. Einen Trümmerhaufen nicht.

**Schenkungswiderruf**
»Geschenkt ist geschenkt, und wieder holen ist gestohlen.« Dieser Kindervers *gildet* im BGB ausnahmsweise nicht. Bei einer Verarmung des Schenkers kann die Sache rückabgewickelt werden ebenso wie bei grobem Undank.
Beispiel: Man führt die Erbtante, die noch nicht genug herausgerückt hat, im Vergiftungsinteresse sonntäglich nur noch zum Fast food aus.

**Schmerzensgeld**
Schmerzensgeld bedeutet zweierlei: Umrechnung der Währung Schmerz – also Dauer, Intensität und Folgen – in DM (Ausgleichsfunktion) sowie Befriedigung des Zorns über den Täter (Genugtuungsfunktion).
Da die Kursbestimmung der Schmerzvaluta schwierig ist, kommen verschiedene Rechtsordnungen zu ganz unterschiedlichen Schmerzensgeldbemessungen. In Deutschland, soviel steht fest, kommen Schmerzen billig. Hier einige Tarife:

| | |
|---|---|
| Schleudertrauma | 600–1.500 DM |
| Gehirnerschütterung | 300–1.500 DM |
| Vergewaltigung | 6.000 DM |
| Querschnittslähmung | 75.000 DM |
| Blindheit | 100.000 DM |

Aber bitte schön: In Rumänien gibt es beispielsweise überhaupt nichts, weil

Schmerzensgeld mit sozialistischen Prinzipien unvereinbar ist (der im Aussterben begriffene neue Mensch kennt keinen Schmerz). Neuerdings soll der seelische Schaden bescheiden abgegolten werden.
Auf der anderen Seite des Spektrums liegen die USA: Hier flossen bereits schwindelerregende Summen an Idioten, die es fertiggebracht haben, die abreißbaren Bierdosenverschlüsse alten Stils zu verschlucken.
Das schönste Beispiel für den amerikanischen Schmerzensgeldwahnsinn ist indes ein Fall, für den es sich etwas weiter auszuholen lohnt, zumal in den Medien wie üblich falsch darüber berichtet wurde:
Eine gut sechzigjährige Texanerin fuhr in ein *Drive-in*-McDonald's, kaufte einen Plastikbecher Kaffee, klemmte ihn sich zwischen die Schenkel und startete ruckartig, wodurch die heiße Brühe auf ihren Schoß schwappte. Ihr Anwalt fand heraus, daß die Firma schon Hunderte von Hinweisen und Beschwerden wegen zu heißen Kaffees bekommen hatte, und forderte das, was die Amerikaner *punitive damage*, also »Schadensersatz mit Strafcharakter« nennen. Ins Juristendeutsche übersetzt, handelt es sich dabei um ein Schmerzensgeld, das sowohl von der Genugtuungs- wie von der Ausgleichsfunktion abgekoppelt ist und nur den Sinn haben kann, den Schädiger zu schädigen. Von einer Jury in New Mexico bekam die Klägerin schließlich *2,7 Millionen Dollar* zugesprochen. Erst als die Fast-Fraß-Kette den Fall vor ein Bundesgericht zu bringen drohte (was wohl geklappt hätte, da die Zentrale in Chicago/Illinois sitzt), einigte man sich außergerichtlich auf 300.000 Dollar.
In Deutschland hätte sie keinen Pfennig bekommen: Jeder Richter hätte den vielen Beschwerdeführern, die bei McDonald's aktenkundig waren, in Erinnerung gerufen, was die Mama ihnen mit Sicherheit im zarten Alter von zwei Jahren beigebracht hat, nämlich daß man, bevor man etwas Heißes trinkt, erst einmal pustet und wartet und dann vorsichtig schlürft, statt gleich vollrohr draufloszutrinken, sich dabei zu verbrennen und vor Schreck die Tasse zu verwackeln.
Unsere hektische Dame mit dem Becher zwischen den Oberschenkeln hätte er darauf hingewiesen, daß sich genau dafür in amerikanischen Autos eine Halterung befindet und daß man in Ermangelung einer solchen, verdammt noch mal, die Plürre immer noch dem Beifahrer geben oder aussteigen kann. Oder daß man Läden meidet, in denen neben dem üblichen Schweinefraß auch noch zu heißer Kaffee serviert wird, was nebenbei gesagt die beste und zukunftsträchtigste Lösung gewesen wäre.

**Schöffen**

Hilflose Gestalten, die im Strafprozeß den Richter flankieren, auf daß das Volk, in dessen Namen geurteilt wird, an der Urteilsfindung mitwirke. Außer beim → Schwurgericht sitzen

je zwei Schöffen auf der Richterbank: beim Schöffengericht, in der kleinen und in der großen Strafkammer.
Überliefert sind von ihrer Seite Vorschläge wie: »Wir sprechen ihn frei, aber brummen ihm vorsichtshalber eine Bewährungsstrafe auf.«
Da das Volk sich in medizinischen Fragen ebensogut auskennt wie in juristischen, läßt sich überlegen, ob man nicht auch jedem Ärzteteam noch zwei Laien beiordnen sollte, die die geschmähten Schulmediziner dann mit neuen Krebstheorien, ganzheitlicher Astralleibdiagnose und Bachblütentherapie in Amokstimmung versetzen dürfen.

**Schönheitsreparaturen**
Sie haben mit kosmetischen Operationen nichts zu tun, sondern bezeichnen die Pflicht, eine Wohnung nach Beendigung des Mietverhältnisses genauso taufrisch zu verlassen, wie man sie vorgefunden hat, inklusive der Tür- und Heizkörperbemalung. Selbstverständlich kümmert sich in der Realität kein Aas mehr um seine ehemalige Wohnung, so daß sich viele fröhliche Sachverständige und genervte Anwälte mit der Sache befassen dürfen.

**Schuldnerschutz**
Instrument, um Verteilungsgerechtigkeit zu schaffen: Dem Schuldner kann nichts weggepfändet werden, soweit der offenbar gewordene Teil seines Einkommens diesseits der Pfändungsfreigrenze liegt.
Was der Schuldner umsonst bekommen hat, ist entweder weg, oder er behält es.
→ Pfändungsfreie Sachen
→ Pfändungsfreibeträge

**Schuldprinzip**
Eine Ehe ließ sich bis zum Inkrafttreten des »neuen Scheidungsrechts« am 1. Juli 1977 nur scheiden, wenn der Scheidungswillige dem Ehepartner nachweisen konnte, die Ehe schuldhaft zugrunde gerichtet zu haben.
Entsprechend verspürte am Ende kein Jurist mehr Lust darauf, Scheidungsprozesse über sich ergehen zu lassen, die nur die Fortsetzung häuslicher Ehekräche darstellten. Vor allem hatte sich aber gezeigt, daß sich das beiderseitige – oder gar multilaterale! – Verschulden an der Zerrüttung einer Ehe beim besten Willen nicht quantifizieren läßt (die Formulierung lautete in § 48 II EheG »überwiegend verschuldet«). Insofern zielte die Reform von 1976 hauptsächlich darauf ab, die Rechtsprechung von dieser unzulänglichen und überdies klebrigen Ursachenforschung zu befreien – und zugleich die Partner aus gescheiterten Ehen vom entwürdigenden Herumgewühle in ihrer Intimsphäre. Unzulänglich war die vom Gericht anzustellende Verschuldensanalyse deshalb, weil naturgemäß jeder schuldhafte Verursachungsbeitrag zur Zerrüttung seinerseits eine Ursache hat, die meist beim Partner liegt und die wiederum einen Grund hat – usw. ad infinitum.

Also ging das alte Scheidungsrecht aus den ihm selbst innewohnenden Gründen bankrott.
→ Zerrüttungsprinzip

**Schuldrecht**
Das Schuldrecht hat mit Schuld und Sühne nichts zu tun, sondern bezeichnet die – meist vertraglichen – Rechtsbeziehungen zwischen Personen, von denen zumindest die eine der anderen etwas schuldet. Die in Übergabeverträgen häufige Formulierung »in schuldrechtlicher Hinsicht vereinbaren …« meint eine Einigung der zwei Parteien, die im Grundbuch nicht eingetragen werden soll oder nicht eintragungsfähig ist.

**Schwurgericht**
Zuständig für alle nassen Sachen (dieser schöne Fachausdruck aus der russischen Knastliteratur bezeichnet vor allem blutige Schwerverbrechen wie Mord, Totschlag usw.). Es besteht aus drei Profis und sechs Schöffen (früher »Geschworene«) und stellt somit das einzige Gericht dar, bei dem die Laien in der Mehrheit sind. Ein Glück, daß die Todesstrafe abgeschafft ist.
→ Schöffen

**Selbstbehalt**
Selbstbehalt heißt der ununterschreitbare Betrag, der dem Unterhaltspflichtigen verbleiben muß. Die Unterhaltsansprüche von Ehepartnern und Kindern machen an der Selbstbehaltsgrenze halt.
Die aktuelle Staffelung (ab 1. Januar 1996) sieht wie folgt aus:
Selbstbehalt
- gegenüber volljährigen Kindern 1.800 DM,
- gegenüber Ehepartnern 1.650 DM,
- gegenüber minderjährigen Kindern 1.500 DM,
- des nicht Erwerbstätigen gegenüber Minderjährigen 1.300 DM.

**Sonderausgaben** → Realsplitting

**Sonderbedarf**
Der Sonderbedarf, den der Unterhaltspflichtige *zusätzlich* zu befriedigen hat, definiert sich als unregelmäßiger und außergewöhnlich hoher Bedarf (§ 1613 II 1 BGB).
Unregelmäßig ist er, wenn sein Eintritt von vornherein unwahrscheinlich und schwer vorhersehbar war. Als außergewöhnlich hoch gilt der Bedarf, wenn dem Berechtigten nicht zugemutet werden kann, ihn aus dem laufenden Unterhalt zu bestreiten.
Heftig umstritten sind vor allem die Kosten der Säuglingserstausstattung und der Kommunion bzw. Konfirmation. Über diese Positionen entschieden Oberlandesgerichte ganz unterschiedlich. Sehr zweifelhaft ist auch der Posten »Bewirtungskosten« bei den obengenannten Festivitäten, da diese kaum zum Lebensbedarf des Kindes, sondern vielmehr zu den Bedürfnissen des sorgeberechtigten Elternteils gehören.
Weiter gehört zum Begriff der Unregelmäßigkeit auch, daß der Bedarf,

wie Juristen sagen, »nicht mit Wahrscheinlichkeit vorauszusehen war«. Daß ein Baby eine Erstausstattung braucht, läßt sich knapp neun Monate lang vorhersehen, die Kommunion etwa neun Jahre und die Konfirmation um die 14 Jahre. Entsprechend lange lassen sich Rücklagen bilden.

**Sorgerecht**
Das Recht, sich wegen seiner Kinder Sorgen zu machen – was von den Kindern selbst heftig bestritten wird.
→ Elterliche Sorge
→ Gemeinsames Sorgerecht

**Sozialgerichte**
Sie entscheiden nicht etwa über Sozialhilfe (für solche Streitigkeiten ist das Verwaltungsgericht zuständig), sondern vor allem über Ansprüche gegen die Sozialversicherung wegen Berufs- und Erwerbsunfähigkeit.

**Sozialhilfe**
Sozialhilfe kann jeder beanspruchen, der sich sonst nicht zu helfen weiß. Soweit der Hilfebedürftige Unterhaltsansprüche gegen Verwandte in gerader Linie (aufwärts wie abwärts!) hat, gehen diese auf das Sozialamt über. Folge: Eltern fauler Kinder bekommen ständig endlose Fragebogen ins Haus, in denen sie ihre Einkommens- und Vermögensverhältnisse darlegen sollen – obwohl sie, wie das Sozialamt wohlweislich verschweigt, schon allein deswegen nicht haften, weil sie nach dem Gesetz keinen Müßiggang sponsern müssen.

**Sozialklausel**
Hervorragendes Mittel, die Eigenbedarfskündigung des Vermieters mittelfristig auszuhebeln: Die Begründung mag beispielsweise lauten, man sei schwanger, befinde sich in Prüfungsvorbereitungen oder finde keine Ersatzwohnung »zu zumutbaren Bedingungen« (§ 556a BGB).

**Sperrfrist**
Es gibt viele Sperrfristen. Die wichtigste ist die → Führerscheinsperrfrist, dicht gefolgt von der Sperrzeit des Arbeitsamtes: Wer selbst kündigt oder wegen einer Arbeitsvertragswidrigkeit gekündigt wird, verliert für drei Monate den Anspruch auf Arbeitslosengeld (§ 119 Arbeitsförderungsgesetz). Deshalb schließen in Kündigungsschutzprozessen, die wegen einer verhaltensbedingten Kündigung geführt werden, Anwälte und Gerichte in seltener Komplizenschaft sehr oft Vergleiche, die die Kündigung in eine betriebsbedingte verwandeln. Damit schließen sie jedoch einen klassischen Vertrag zu Lasten eines abwesenden Dritten – nämlich des Arbeitsamtes –, der insofern eigentlich unwirksam wäre.

**Splitting**
Begriff aus dem Versorgungsausgleich: Befinden sich zu Beginn des Scheidungsverfahrens beide Eheleute in der gesetzlichen Rentenversicherung, wird von der Rentenwurst des einen eine Scheibe abgeschnitten und an die des anderen drangepappt.

**Splittingvorteil**
Vorteil der gemeinsamen steuerlichen Veranlagung von Eheleuten: Das Gesetz fingiert, daß nicht der eine viel und der andere wenig oder gar nichts verdient, sondern daß beide die Hälfte eingespielt haben. So kommen beide glücklich aus der Progressionszone heraus, zahlen also eine recht geringe Steuerquote.

**Staatsanwalt**
Trinkfester Mitinhaber des staatlichen Strafverfolgungsmonopols. Hat in der Regel die klassischen Eigenschaften aller Monopolisten.

**Steuererstattung**
Nach einer Zusammenveranlagung der beiden Ehepartner steht oft eine Steuerrückzahlung ins Haus. Wenn beide Einkommensteuer-Vorauszahlungen geleistet haben, teilt man sich normalerweise den Braten. Dabei gilt das Verhältnis der Steuerschulden bei fiktiver Einzelveranlagung unter Zugrundelegung jeweils der Steuerklasse 1 (OLG Köln FamRZ 1995, 55), bei der ja steuerliche Gleichbehandlung gewährleistet wäre. Das OLG Köln weiter: »Nach Abzug der jeweils bereits bezahlten Beträge ergeben sich die Anteile, die den Ehegatten an dem Erstattungsbetrag zustehen.«
Etwas anders verfährt der Bundesfinanzhof (NJW 1991, 2103): Er teilt den Rückerstattungsanspruch entsprechend dem Verhältnis der Lohnsteuerbeträge, die im Veranlagungszeitraum von den Arbeitslöhnen der Steuerschuldner einbehalten worden sind. Das OLG Düsseldorf folgte dieser Auffassung (FamRZ 1993, 70).
Eine leichte Modifizierung gilt für die Einkommensteuer: Hier hat die Verteilung »bei gemeinsamer Veranlagung im Verhältnis der Steuerschulden, wie sie bei einer hypothetisch durchgeführten Getrenntveranlagung der Ehegatten bestehen würde, zu erfolgen« (so der Leitsatz der Entscheidung LG Bochum FamRZ 1987, 828).
Das LG Essen hat dazu in FamRZ 1987, 592, 593 folgende schöne Formel entwickelt:
Gezahlte Steuer des Erstattungsberechtigten minus (Steuerschuld bei gemeinsamer Veranlagung mal Steuer des Erstattungsberechtigten geteilt durch Summe der Steuer beider Ehegatten, getrennt berechnet nach Steuerklasse IV) = Erstattungsbetrag.
Erfolgen Steuerrückzahlungen nur an einen Partner, weil er allein verdient oder jedenfalls allein Steuervorauszahlungen erbracht hat, braucht er hiervon direkt nichts abzugeben (OLG Karlsruhe FamRZ 1991, 191; LG Mönchengladbach FamRZ 1994, 962). Die Steuerrückzahlungen gehören aber zum Jahreseinkommen und damit zur Unterhaltsverteilungsmasse.

**Steuergesetzgeber** → Unzurechnungsfähigkeit

**Strafaussetzung zur Bewährung** → Bewährungsfrist

**Strafverfahren**

Wahrscheinlich glaubt es wieder keiner aus der 90-Prozent-Bevölkerungsmehrheit, die durch die amerikanischen *court-dramas* versaut ist: Bei uns entscheidet tatsächlich *nicht* eine Jury über die Schuldfrage, wir haben genau umschriebene Straftatbestände und brauchen *nicht* im Präjudizien-Dschungel herumzuirren, bei uns gibt es *kein* Kreuzverhör, bei uns dürfen die Angeklagten *nicht* als Zeugen aussagen, bei uns dürfen *keine* Kamerateams in den Gerichtssaal, bei uns verdienen die Verteidiger mit ihrer Arbeit und die Staatsanwälte mit ihren Prozeßmemoiren *keine* Millionen. Nebenbei gesagt wäre bei uns auch O. J. Simpson wohl kaum freigesprochen worden.

**Strafzumessung**

Sie ist das Wichtigste am Strafrecht, wird aber nirgendwo gelehrt. Das Gesetz gibt nur den Rahmen vor: So wird Unterschlagung etwa »mit Freiheitsstrafe bis zu fünf Jahren oder mit Geldstrafe bestraft«. Die Tarife lernt man als Strafrechtler – egal, ob Richter, Staatsanwalt oder Verteidiger – durch Daumenpeilung, ungeschriebene Regelsätze und Erfahrung.

**Strafzwecke**

Obwohl Einigkeit darüber herrscht, daß Strafe meist zwecklos ist, gibt es einen ganzen Haufen einander widersprechender Strafzwecke:

- Generalprävention, d. h. die Abschreckung der Öffentlichkeit durch harte Urteile, die allerdings in der Regel vor leeren Zuschauerbänken verkündet werden. *Bild*-lesende Knackis nehmen sie darüber hinaus eher als beruhigendes Zeichen dafür, daß die Dunkelziffer hoch liegt.
- Spezialprävention, also Individualabschreckung des Täters, der sich die Erstverurteilung eine Warnung sein läßt. Das klappt sichtlich auch nicht: Die Gefängnisse borden über von Mehrfachtätern.
- Verteidigung der Rechtsordnung: Auch dieser Motor tuckert im Leerlauf, solange sich die Aufklärungsquote insbesondere bei den Eigentumsdelikten gerade einmal der Fünf-Prozent-Quote nähert.
- Resozialisierung oder Sozialisierung: Dieser Strafzweck wurde zur Förderung der Sozialarbeiterromantik erfunden. Seine Verfechter übersehen, daß jeder Knast die hohe Schule des Verbrechens ist und keine schützende Werkstätte. Da, wo Strafe mangels Schuldfähigkeit durch Unterbringung in einer psychiatrischen Anstalt ersetzt wird, bietet dieses Prinzip ein prächtiges Tummelfeld für die Gutachtertätigkeit von Seelenklempnern, die Gewalttätern eine günstige Prognose geben, hiermit die Arbeit ihrer Kollegen rechtfertigen und sich zugleich mit neuer versorgen: Nach dem nächsten Mord sieht man sich wieder.
- »Défense sociale«, also ein Wegschließen von Gewalttätigen und

Dieben zum Schutz der Bevölkerung. Das ist zwar einleuchtend, aber auf Dauer unbefriedigend, denn wenn es so weitergeht, muß bald die eine Hälfte der Bevölkerung auf die andere aufpassen lassen.

**Streitwert**
Der Streitwert ist im Zivilprozeß die Bemessungsgrundlage für die Höhe der Anwalts- und Gerichtsgebühren. Je mehr auf dem Spiel steht, desto teurer wird also der Prozeß. Bei isolierter Betrachtung zeigt sich die zwangsläufige Ungerechtigkeit des Kostenrechts: Mal gibt's viel Geld für wenig Arbeit, manchmal ist es umgekehrt. Einen richtigen Systemfehler hätten wir aber nur, wenn es Fachanwälte für hohe Streitwerte gäbe.

**Stufenklage**
Dabei handelt es sich um zweistufige Prozesse: Auf eine Auskunftsklage folgt die Zahlungsklage auf der Grundlage der erteilten Auskunft. Im Unterhaltsrecht heißt die vereinfachte Formel: »Zeig, was du hast, und rück die Hälfte rüber.«

**Subtraktionsmethode** → Abzugsmethode

### Tatmehrheit und Tateinheit

Wenn jemand mehrere Straftaten hintereinander begeht, die nicht von demselben einheitlichen Vorsatz getragen sind, spricht man von Tatmehrheit oder Realkonkurrenz. Die schwerste Einzelstrafe (Einsatzstrafe) wird dabei gewöhnlich um die Hälfte der Einzelstrafen der anderen Delikte erhöht.

Verstößt ein und dieselbe Tat gegen mehrere Strafvorschriften, wird die Strafe dem happigsten Delikt entnommen und angemessen erhöht. In diesem Fall handelt es sich um die sogenannte Tateinheit oder Idealkonkurrenz.

Beispiel: Trunkenheitsfahrt mit fahrlässiger Körperverletzung.

Daraus folgt, daß der strafrechtliche Mengenrabatt bei der Tatmehrheit deutlicher durchschlägt. Ein Einbruch allein lohnt nicht; man sollte bei Interesse schon eine ganze Serie hinlegen. Der Ertrag steigt linear, das Risiko degressiv, die Erfahrung progressiv.

### Teilungsanordnungen

Wer testamentarisch oder per Erbvertrag mehrere Erben einsetzt, kann die Bestimmung der Erbanteile mit der Anordnung verknüpfen, daß ein jeweiliger Erbe bestimmte Sachen aus dem Nachlaß erhalten soll. Auf diese Weise läßt sich das Entstehen ungeteilter Erbengemeinschaften und das Gezänk der Erbauseinandersetzung vermeiden. Theoretisch findet nur eine Anrechnung der Sachen auf den Erbteil statt; in der Praxis füllt die Teilungsanordnung den Erbteil aus, wobei die Klausel hilfreich ist, daß bei Wertüberhängen kein Ausgleich stattfindet.

Dabei muß streng zwischen → Vermächtnis (inklusive Vorausvermächtnis) und Erbeinsetzung mit Teilungsanordnung unterschieden werden. Der Erbe ist nämlich an den Nachlaßschulden (Erblasserschulden und Erbfallschulden) beteiligt, der Vermächtnisnehmer nicht.

**Tendenzbetrieb**
Als Tendenzbetriebe bezeichnet man politisch oder konfessionell geprägte Betriebe, in denen die Vorschriften des Betriebsverfassungsgesetzes und andere Arbeitnehmerrechte nur eingeschränkt gelten. Wichtigster und strengster Inhaber von Tendenzbetrieben ist die katholische Kirche, dicht gefolgt von der evangelischen.
Ein Arbeitgeber, der sich geistiger Gesundheit erfreut, schert sich wenig darum, ob seine Angestellten mit oder ohne Trauschein mit ihren Partnern leben. Nicht so kirchliche Arbeitgeber: Sie erwarten von ihren Schäflein ein engagiertes Bekenntnis zur Ehe. Um so mehr fordern sie es natürlich von ihren Amtsträgern, sprich Pfaffen. In der katholischen Kirche kommt freilich die Zölibatsverpflichtung hinzu, die es dem katholischen Priester auferlegt, sich für die Ehe einzusetzen, ohne selbst eine zu führen. Für katholische wie evangelische Pfarrer gilt natürlich das Verbot, in nichtehelicher Lebensgemeinschaft mit einer Frau oder einem Mann zusammenzuleben – wobei die Haushälterin des katholischen Amtsträgers selbstverständlich keine Lebensgefährtin im engeren Sinne darstellt. Nun ja, die Jungs wissen schließlich, worauf sie sich einlassen.
Interessanter wird die Sache bei den kirchlichen Arbeitnehmern, die nicht zu den Amtsträgern gehören. Auch hier fordert das Bundesarbeitsgericht unverständlicherweise die Loyalität gegenüber der Kirche auch im Privatleben – unter Hinweis auf eine angebliche Untrennbarkeit von Dienst und Verkündung im karitativen und erzieherischen Bereich. Das führte zu absurden, aber höchstrichterlich gebilligten Kündigungen. Immer wieder wurden Kindergärtnerinnen so aus dem kirchlichen Dienst entfernt, die sich den Luxus erlaubt hatten, einen geschiedenen Mann zu heiraten oder nach der eigenen Scheidung erneut zu heiraten.
Man braucht wenig Phantasie, um sich vorzustellen, daß aus der Sicht der Kirche – zumal der katholischen – die trauscheinlose Lebensgemeinschaft eine noch fluchwürdigere Sauerei darstellt als die Eheschließung mit einem Geschiedenen. Daher kann man Kindergärtnerinnen nur davon abraten, mit dem Freund zusammenzuziehen, wenngleich eine nichteheliche Lebensgemeinschaft kirchenrechtlich gesehen weniger schwer wiegt als die Verehelichung mit einem geschiedenen Partner: Ersteres verstößt nur gegen die kirchliche Lehre, letzteres aber gegen ein Sakrament.

**Testament**
→ Berliner Testament
→ Privatschriftliches Testament
→ Notarielles Testament

**Tiere**
Juristen haben ein knochentrockenes Verhältnis zur Tierwelt: Tiere gelten als lebende Sachen und unterscheiden sich nach dem BGB keineswegs von toten Sachen. Nur im Strafrecht wird unterschieden: Während man seinen Computer durchs Fenster schleudern darf – vorausgesetzt, es ist der eigene –, darf man nach dem Tierschutzgesetz keine Wirbeltiere quälen.

**Titel**
Der Titel (Vollstreckungstitel) ist ein Stück Papier, mit dem man den Gerichtsvollzieher loshetzen kann.
→ Kuckuck
→ Mahnverfahren

**Todsünden des Autofahrers**
Diese Todsünden sind sieben an der Zahl, versammelt in § 315c Ziffer 2 StGB, und sie beschreiben Varianten des Verkehrsrowdytums. Wenn jede Todsünde den Tod nach sich zöge, wären die europäischen Straßen binnen Wochenfrist frei.

**Totschlag** → Mord

**Trennung von Tisch und Bett**
Diese unerfreuliche Art des Zusammenlebens hat entgegen weitverbreiteter Überzeugung keine eigene Rechtsqualität: Das Scheidungsrecht unterscheidet zwischen ehelicher Lebensgemeinschaft und der Heimtrennung, die das Trennungsjahr ebenso in Gang setzt wie eine räumliche Trennung. Daß man nicht mehr zusammen schläft und ißt, reicht hierzu nicht aus. Man braucht zwei komplett getrennte Lebenskreise bis hin zu getrennten Kühlschranketagen.

**Trennungssorgerecht**
Während der Trennung einschließlich der Dauer des Scheidungsverfahrens gilt in der Regel das gemeinsame Sorgerecht. Aber jeder Elternteil kann auch einen Antrag auf Übertragung des Trennungssorgerechts stellen. Das Motiv ist dabei selten das stets beschworene Kindeswohl, sondern bei Männern die Unterminierung der Anspruchsgrundlage für den Trennungsunterhalt (Unterhalt von Beginn der Trennung bis zur Rechtskraft der Scheidung), bei Frauen das über die Trennungszeit hinausweisende Bedürfnis, sich der Erwerbstätigkeit fernzuhalten.

**Trennungszeit**
Die einjährige Trennungszeit, die – von seltenen Ausnahmen abgesehen – dem Scheidungsverfahren vorausgehen muß, ist sozusagen die Kündigungsfrist für die Ehe. Nach Ablauf des Trennungsjahrs kann ein Scheidungsantrag gestellt werden (§ 1566 I BGB), wobei gern übersehen wird, daß das Verfahren bis zur Rechtskraft der Scheidung auch noch einmal etwa neun Monate dauert.

**Treu und Glauben**
Tragender Grundsatz des deutschen Zivilrechts: Jeder Vertragsschuldner ist verpflichtet, seine Leistung so zu

erbringen, »wie Treu und Glauben mit Rücksicht auf die Verkehrssitte es erfordern« (§ 242 BGB). Gemäß Standardkommentar (Palandt) soll der Grundsatz »den in der Gemeinschaft herrschenden sozialethischen Wertvorstellungen Eingang in das Recht verschaffen«. Folge: Jeder, der schlecht abzuschneiden befürchtet, weil er juristisch schlechte Karten hat, wähnt die Moral auf seiner Seite und kramt Treu und Glauben als Wunderwaffe heraus. Meist erweist sie sich als Knallfrosch.

**Trunkenheit im Straßenverkehr**
Bewährte Methode, viel Geld zu sparen: Wenn die Fahrt tödlich endet, kann der Fahrer fortan nicht mehr Haus und Hof versaufen. Wenn er überlebt, aber erwischt wird, zahlt er nur ein Nettoeinkommen Geldstrafe, spart jedoch gut ein Jahr lang Benzin, Öl, Versicherungsprämien, Steuern, Reparaturen, Verwarnungsgelder, Bußgelder und Nerven – kurz: ein Vielfaches der lächerlichen Geldstrafe. Das Ersparte kann er dann dazu verwenden, sich noch öfter, aber weniger sozialschädlich zu betrinken.

**Typologie des gemeinsamen Sorgerechts**
Das → gemeinsame Sorgerecht setzt das Einverständnis beider Eltern voraus. Man kann es auf unterschiedliche Weisen handhaben:

1. Domizilmodell:
   Das Kind wohnt bei einem Elternteil, während der andere nur zu Besuch kommt und vielleicht einige Ferienwochen mit dem Kind verbringt. Der auswärtige Elternteil hat in der Praxis nur ein Mitentscheidungsrecht bei wichtigen das Kind betreffenden Fragen.
2. Spagatmodell:
   Das Kind lebt sozusagen mit dem einen Bein in der mütterlichen, mit dem anderen in der väterlichen Wohnung, wohnt und schläft mal hier, mal dort und hat in den Haushalten beider Eltern eine feste Bleibe mit dem Sockelbedarf an Hausrat – also all dem, was die Analphabetengeneration heute so braucht: Bett, Unterhaltungselektronik, Kleidung, Zahnbürste und eigenen Telefonanschluß.
3. Wechselmodell:
   Das Kind lebt abwechselnd eine längere Zeit beim Vater, dann bei der Mutter – etwa Wochen, Monate oder Schuljahre.
4. Nestmodell:
   Das Kind bleibt stets in derselben Wohnung und wird dort abwechselnd von beiden Elternteilen betreut, wobei zumindest ein Elternteil noch seine eigene Wohnung hat.

Es liegt auf der Hand, daß das Domizilmodell den Regelfall darstellt.
Das Spagat- und das Wechselmodell lassen sich aus naheliegenden Gründen nur verwirklichen, wenn beide Elternteile am Ort wohnen und das Hinundherpendeln des Kindes keinen Schulwechsel erforderlich macht. Außerdem setzen schon die soge-

nannten Vorhaltekosten für die Unterhaltung eines gegebenenfalls nur selten genutzten Kinderzimmers samt Inventar überdurchschnittlich günstige Einkommensverhältnisse voraus.
Das Nestmodell schließlich dürfte auf Fälle beschränkt bleiben, in denen ein Elternteil einspringt, während der andere berufsbedingt längere Zeit ortsabwesend ist, wie etwa bei einer Schauspielerehe: Der Papa findet sich in der Wohnung ein, solange die Mama auf Tournee geht.

Weitere Varianten sind durchaus denkbar, wenngleich nicht immer praktikabel.
Selbstverständlich kann man auch einem Improvisationsmodell den Vorzug geben, d. h. so lange zwischen den verschiedenen Konzepten hin und her springen – bis das genervte Kind dann eines schönen Tages selbst der elterlichen Experimentierfreude und damit auch dem scheidungsbedingten Nomadentum ein jähes Ende bereitet.

**Übergabevertrag**
Hundertprozentig sichere Methode, noch vor dem Tode Zeuge von Erbauseinandersetzungen über den eigenen Nachlaß zu werden.
→ Altenteil

**Umgangsrecht**
Recht des nicht sorgeberechtigten Elternteils – und damit in 88 Prozent aller Fälle des Vaters –, die Kinder gelegentlich zu sich zu nehmen; dieser Anspruch, auch Besuchs- oder Verkehrsrecht genannt, läßt sich von rachsüchtigen Müttern sehr leicht torpedieren. Beliebtestes Geschoß: Der unberechtigte Vorwurf des sexuellen Mißbrauchs.

**Unterhalt**
→ Düssseldorfer Tabelle
→ Kindesunterhalt

**Unterhaltsleitlinien**
Deutschland zerfällt justizgeographisch in 24 Oberlandesgerichtsbezirke. Fast jeder von ihnen hat seine eigenen Unterhaltsleitlinien, in denen die juristische Phantasie die schönsten Blüten treibt. Und damit's nicht langweilig wird, ändern sich die Leitlinien alle paar Jahre.

**Unterhaltsverzicht**
Vor der Ehe wollen alle Männer nur das eine, während der Ehe gelegentlich die andere und danach nur noch

den Unterhaltsverzicht. Gewöhnlich verlieren sie in allen drei Disziplinen.

**Unterhaltsvorschußgesetz**
An geschiedene Mütter von bis zu zwölf Jahre alten Kindern, deren Väter sich verdrückt haben, und an alleinerziehende Mütter, die beim Samenspender-Casting vergessen haben, auf die finanzielle Spendenwilligkeit zu achten, zahlt der Steuerzahler den Regelunterhalt in Höhe von etwa acht Milliarden Mark im Jahr.

**Untreue**
Im strafrechtlichen Sinne begeht Untreue, wer das Recht, über fremdes Vermögen zu verfügen, mißbraucht (Mißbrauchstatbestand) oder die Treuepflicht zur Wahrnehmung fremder Vermögensinteressen verletzt (Treubruchtatbestand).
Diese qualifizierte Unterschlagung zählt zu den leider nur ausgesprochen selten verfolgten Lieblingsdelikten aller Politiker, Banken, Anlageberater, Vermögensberater, Konkursverwalter und AG-Vorstände sowie anderer hoher Herren.

**Untreue, eheliche** → Betrug

**Unzurechnungsfähigkeit** → Steuergesetzgeber

**Verbrechen**
Verbrechen sind Handlungen, die eine Freiheitsstrafe von mindestens einem Jahr nach sich ziehen und allabendlich im Fernsehen durch beharrliche, etwa hundertfache Wiederholung in die Alltagsnormalität überführt werden, auf daß die Strafdrohung eine leere bleibe.

**Vergehen**
Zu den Vergehen zählen in der Theorie alle Straftaten, die mit Geldstrafe oder mit Freiheitsstrafe bedroht sind, deren Mindesttarif unter einem Jahr liegt. In der Praxis sieht es so aus, daß das Opfer einen formularmäßigen Einstellungsbescheid bekommt, aus dem sich ergibt, daß der Täter leider nicht ermittelt werden konnte.

**Vergewaltigung**
Sie heißt in der Gesetzessprache »Notzucht«. Die Etymologie des Begriffs ist unklar: Möglicherweise fließen die Wortstämme aus Nötigung und Züchtigung zusammen, womit der Vorgang der Vergewaltigung, nach § 176 StGB mit mindestens zwei Jahren Knast zu bestrafen, schon recht genau beschrieben wäre.
Neuerdings gilt auch Vergewaltigung in der Ehe als strafbar, allerdings mit Schlupflöchern, die erpressungsähnliche Händel erleichtern. Die rechtspolitische Notwendigkeit ist umstritten, zumal schon bisher Verurteilung wegen Nötigung möglich war.
Übrigens ging man früher bereits mit dem Tatbestand der Verführung deutlich strenger ins Gericht: In der Antike galt sie als qualifizierte Notzucht: Während der Vergewaltiger nur den Körper nimmt, bemächtigt sich der Verführer auch der Seele seines Opfers. Noch Lessing läßt seine Emilia Galotti (5. Aufzug, 7. Auftritt) ausrufen: »Gewalt! Gewalt! Wer kann der Gewalt nicht trotzen? Was Gewalt

heißt, ist nichts: Verführung ist die wahre Gewalt.«
Doch wenn auch die Verführung unzulässig ist, wie steht es dann mit der Vorstufe, dem Werben, also dem, was man heute gräßlicherweise als »Anmache« bezeichnet?

**Vergleichswohnungen**
So heißen die Wohnungen, die im → Mieterhöhungsverfahren vom Mieter für vergleichsuntauglich erklärt werden, weil sie viel schöner sind als die unendlich mieser ausgestattete eigene Mietwohnung.

**Verhaltensbedingte Kündigung**
Zu den Hauptauslösern dieser Kündigungsform im Arbeitsrecht zählen Trunkenheit, Unpünktlichkeit, Faulheit und Pfusch.
Im Mietrecht gehören dazu Lärm nach Mitternacht und die ungezieferfördernde Verwandlung von Wohnung und Treppenhaus in eine einheitliche Müllhalde.

**Verjährung**
Verjährung bedeutet, daß der Schuldner bzw. Beschuldigte nach Ablauf der Verjährungsfrist – die von drei Monaten bis zu 30 Jahren reichen kann – aus dem Schneider ist.
Bei einer Hemmung der Verjährung wird die Frist angehalten und läuft erst nach Ende dieser Pause weiter.
Eine Unterbrechung der Verjährung bedeutet, daß die Frist abbricht und wieder ganz von vorn zu laufen beginnt.

**Verkehrsopferhilfe**
Dieser von den Haftpflichtversicherern gesponserte Verein sitzt in Hamburg, Glockengießerwall 1 (merken, vielleicht können Sie's mal gebrauchen!) und ist der letzte Rettungsanker für alle Unfallgeschädigten, die den Verursacher nicht feststellen können, weil der noch rechtzeitig das Weite gesucht hat, um seinen Rausch auszuschlafen und zu vertuschen (→ Fahrerflucht).
Allerdings werden Schäden am Fahrzeug überhaupt nicht ersetzt und Schäden an der Ladung nur, wenn sie über 1.000 DM liegen. Schmerzensgeld gibt es ausschließlich bei schweren Verletzungen.

**Verkehrsrowdytum**
Gängiges Verhaltensmuster, das zur Belastung der Unfallstatistik, der Krankenkassen und der Rechtsschutzversicherungen führt, aber immerhin die Umsätze der Autoindustrie fördert, Arbeitsplätze sichert und somit unbedingt förderungswürdig ist.
→ Todsünden des Autofahrers

**Verkehrsunfall**
Plötzliches Ereignis im öffentlichen Verkehr, das vom schuldlosen Beteiligten als Einladung angesehen wird, ältere Liquiditätslücken zu füllen.

**Verkehrswert**
Man sollte den Begriff meiden, denn er ist schillernd, und das dürfen juristische Begriffe nicht sein. Aber man kommt nicht darum herum.

Es gibt folgende Anknüpfungspunkte für die Wertfeststellung:
- die Erstellungs- oder Anschaffungskosten für einen bestimmten Gegenstand am Stichtag (sogenannter reiner Sachwert),
- den Erlös, der sich am Stichtag erzielen läßt (Veräußerungswert),
- das, was die Sache künftig einbringt, bis sie nicht mehr zu gebrauchen ist (Ertragswert),
- die Mischung zwischen Sach- und Ertragswert (Mittelwert).

Der Verkehrswert ist in erster Linie der Veräußerungswert, auch Liquidationswert genannt; er repräsentiert also im Einzelfall das, was man bekäme, wenn man das wie auch immer geartete Ding zu einer Art mittlerem Marktwert verkaufen würde. Bei Grundstücken aber stellt der Verkehrswert den Mittelwert zwischen Sach- und Ertragswert dar, bei Gewerbebetrieben schlägt der Sachwert durch. In der Unfallregulierung ist der Wiederbeschaffungswert maßgeblich, also der Verkehrswert plus Zuschlag.

**Vermächtnis**
Das Vermächtnis stellt die erbrechtliche Zuweisung eines bestimmten Gegenstandes an einen konkreten Begünstigten dar, der ihn dann von dem/den Erben einfordern kann. In → privatschriftlichen Testamenten wird der Begriff selten gebraucht. Meist wird so formuliert, daß kein Jurist weiß, ob Erbeinsetzung mit Teilungsanordnung oder Vermächtnis gemeint ist.

**Vermietung**
Letzte Haltestelle auf dem Weg zur Eigentumsaufgabe.

**Verminderte Schuldfähigkeit**
Sie führt zur Strafmilderung (§ 21 StGB) und ist das einzige, was man manchen Menschen zugute halten kann. Insbesondere denen, die in gesetzgebenden Organen sitzen.
Zum Steuergesetzgeber: → Unzurechnungsfähigkeit.

**Vermögensdelikte**
Oberbegriff für Diebstahl, Unterschlagung, Untreue, Hehlerei, Betrug und Raub. Mit der Abgrenzung verbringen Strafrechtler Jahre ihres Lebens. Dabei könnte man sämtliche Vermögensdelikte in einer einzigen Vorschrift zusammenfassen. Formulierungsvorschlag:
Wer sich unter den Nagel reißt, was ihm nicht gehört, wird weggesperrt.

**Vermögenszurechnungen**
Jeder, der seinen Ehepartner austricksen will, hält sich für schlauer als den Gesetzgeber. Beispiel → Zugewinnausgleich: In der traditionellen Ehe hat der Mann im Gegensatz zu seiner Frau – aber mit ihrer unbezahlten Hilfe – Vermögen erworben und weiß von seinem Anwalt, daß er die Hälfte wird abgeben müssen. Also fängt er vor dem Scheidungsstichtag an, es zu verbraten, zu verschieben (besonders beliebt: das Zwischenparken von Geld bei den Eltern) oder zu verschenken. Das

nützt ihm aber alles nichts, denn die *illoyalen Vermögensverschiebungen* werden dem Endvermögen wieder zugerechnet (§ 1375 II BGB).
Letzter Akt des Dramas: Der enttäuschte Schlaumeier erzählt überall herum, wir hätten wirklich eine schöne Rechtsprechung – er müsse seiner Frau nicht nur die Hälfte abgeben, was ihn bereits in den Ruin führe, sondern müsse mehr zahlen, als er überhaupt habe. Letztere Behauptung zieht aber schon allein deshalb nicht, weil der Zugewinnausgleich sich auf das tatsächliche Vermögen beschränkt.

**Versöhnungsversuche**
Kurzzeitige Versuche, nach der Trennung wieder zueinanderzufinden, haben, wenn sie scheitern, keinen Einfluß auf den Ablauf des Trennungsjahrs (§ 1567 II BGB). Es tritt weder eine Unterbrechung noch eine Hemmung der Jahresfrist ein (→ Verjährung). Wer sich mit seinem Partner wieder versöhnen will, braucht also keine Angst zu haben, daß er noch einmal über die volle Distanz gehen muß, wenn die Sache innerhalb von etwa sechs Wochen schiefgeht.

**Versorgungsausgleich**
Der Versorgungsausgleich basiert auf dem Prinzip, die während der Ehe erworbenen Renten- und Pensionsanwartschaften aneinander anzugleichen.
Der Grundgedanke dieser Rechtsfigur ist so unbestreitbar hehr, daß kein anständiger Mensch etwas dagegen einwenden kann:
In der Alleinverdiener- oder Zuverdienstehe erwirbt der eine Partner allein oder überwiegend Rentenanwartschaften, d. h. Ansprüche auf eine künftige Altersversorgung, während der andere ihm durch Tätigkeiten, die keine Altersversorgung auslösen, nämlich vor allem durch Hausarbeit, den Rücken freihält und den Erwerb derartiger Anwartschaften mittelbar erst ermöglicht. Deshalb soll der andere, wenn die Ehe scheitert, davon bzw. vom Wertunterschied die Hälfte abhaben, und zwar nicht als abgeleitete Versorgung, sondern als eigene, vom Fortleben des Expartners unabhängige Altersversorgung, vorzugsweise aus der gesetzlichen Rentenversicherung (GRV).
Der Anwartschaftenwert des Ehemannes und der der Ehefrau werden also einander gegenübergestellt. Der Partner mit den höheren Anwartschaften muß die Hälfte des Wertunterschieds an den anderen abgeben.
In der GRV werden Auskünfte heute in weniger als zwei Monaten erteilt – vorausgesetzt, die Parteien leisten die erforderliche Mitarbeit. Oft haben die Versicherungsträger Rückfragen bei ihren Versicherten, also den Parteien des Scheidungsverfahrens. Diese Rückfragen betreffen Lücken im Versicherungsverlauf. Wenn etwa Beitragszeiten im engeren Sinne (abhängige, rentenversicherungspflichtige Erwerbstätigkeit) nicht lückenlos nachweisbar sind, muß die um Aus-

kunft ersuchte und nun ihrerseits auskunftsbedürftige Anstalt durch Rückfrage beim Versicherten ausloten, ob die Lücke eine Anrechnungs-, Zurechnungs- bzw. Berücksichtigungszeit darstellt. Schlicht und einfach weiße Flecken auf der Versicherungslandkarte bleiben etwa Hausfrauentätigkeit in einem kinderlosen Haushalt oder auch die Tätigkeit als freier Künstler.
Diese oft sehr lange unbeantwortet bleibenden Rückfragen machen den Versorgungsausgleich zu einer Tortur für Richter, Anwälte und scheidungswillige Partner.
Wenn der Antragsteller die Anfragen etwa der LVA regelmäßig in den Papierkorb wirft, hat das Gericht es noch relativ leicht: Es teilt dem Säumigen mit, daß es das Verfahren ohne die Antworten nicht weiterbetreiben könne und nach sechs Monaten die Akte weglegen werde. Dann sieht der Schlamper, was er davon hat.
Wenn sich dagegen der Antragsgegner in Schweigen hüllt, müssen die stumpfen Waffen der Zwangsvollstreckung nach dem Gesetz über die freiwillige Gerichtsbarkeit (FGG) hervorgekramt werden. In Frage kommen hier nur die Androhung und die Verhängung von Zwangsgeldern (§ 33 FGG). Mit Zwangsgeldern kann man aber einen richtigen Schlamper nicht beeindrucken. Vielfach läßt sich das Geld mangels Liquidität nicht auftreiben – und selbst wenn: Die Auskunft steht dann immer noch aus. Besser anwenden läßt sich der nach § 1587e I BGB einklagbare Auskunftsanspruch: Er führt nämlich zu den Vollstreckungsmöglichkeiten nach § 888 ZPO, und diese schöne Vorschrift sieht nicht nur Zwangsgelder von bis zu 50.000 DM, sondern auch Zwangshaft von bis zu einem halben Jahr Dauer vor (§ 888 I 3 in Verbindung mit § 913 ZPO).

**Versuch**
Den Versuch zu einer Straftat begeht jemand, der zur Tatbegehung unmittelbar ansetzt. Vorbereitungshandlungen bleiben straflos.
Der Versuch ist nur bei Delikten strafbar, die die Rechtsordnung als besonders sozialschädlich und verwerflich ansieht. So ist die versuchte Sachbeschädigung strafbar, die versuchte Körperverletzung dagegen nicht. So viel zur Realsatire des Strafgesetzbuchs auf unsere Eigentumsordnung.

**Verwandte in gerader Linie**
Die gerade Linie zielt nach oben (Eltern, Großeltern usw.) und nach unten (Kinder, Enkel usw). Die Linie nach oben ruiniert unsere erste Lebenshälfte und gemeinsam mit der nach unten auch unsere zweite.

**Verwirkung** (allgemein)
Verwirkung heißt, daß der Rechtsanspruch futsch geht, weil der Anspruchsteller sich danebenbenommen oder die Sache verschlampt hat. Hauptanwendungsfälle: Unterhalt, Zugewinnausgleich, Hausrat, Versorgungsausgleich und Mietnebenkosten.

**Verwirkung im Unterhaltsrecht**
Hier geht es um den verhaltensbedingten Verlust von Unterhaltsansprüchen nach dem Motto: Die Kuh, die man melken will, soll man nicht prügeln. Vielfach ziehen die Gerichte den Anspruchstellern deshalb den Melkschemel unter dem Hintern weg oder sprechen die Hälfte der Milch dem armen Vieh zu.

Hier die happigsten Fälle der letzten Jahre (mit Rechtsprechungsnachweisen für die, die's nicht glauben wollen):

*Ehefrauen:*

- Die Frau schlägt auf ihren Geschiedenen mit einem Kleiderbügel und einem schnallenbesetzten Lederriemen ein (OLG Koblenz FamRZ 1991, 1312).
- Sie stiehlt ihrem Mann aus einer Stahlkassette 4.650 DM und wirft ihm später ein Wasserglas an den Kopf; die Wunde muß mit drei Stichen genäht werden (OLG Hamm in FamRZ 1994, 168).
- Sie bestreitet wahrheitswidrig, aber vehement (»ungeheuerlich«) das Zusammenleben mit einem neuen Partner (OLG Hamm FamRZ 1993, 566).
- Sie schwärzt den Verpflichteten wahrheitswidrig beim früheren Arbeitgeber an, indem sie ihn der Unterschlagung bezichtigt und damit die betriebliche Altersversorgung gefährdet (OLG Koblenz FamRZ 1991, 1312).
- Sie schiebt ihrem Mann jahrelang ein nicht von ihm stammendes Kind unter (OLG Oldenburg FamRZ 1991, 448).
- Sie schießt mit einem Revolver auf ihn (OLG Düsseldorf FamRZ 1994, 896 = NJW 1993, 3078).
- Sie gibt dem Geschiedenen die Schuld am Selbstmord der Tochter, obwohl sie durch Kenntnis des Abschiedsbriefs weiß, daß in Wirklichkeit die Partnerschaftsprobleme der Tochter Ursache für den Suizid waren (OLG Celle FamRZ 1995, 1489).
- Sie betreibt gewerbsmäßigen, dem Ehemann unter demütigenden Umständen verschwiegenen Telefonsex: Der Nichtsahnende wurde von den Kolleginnen der Frau für dumm verkauft (OLG Karlsruhe FamRZ 1995, 1488).
- Sie belästigt ihn mit Anrufen, beschimpft ihn als Riesenschwein und fordert ihn mehrfach auf, seinen »Schwanz abzuschneiden und in den Mund zu stecken«. Sie verunglimpft weiter ihre Schwiegermutter als alte Hexe und die neue Lebensgefährtin des Mannes – na klar – als Hure (OLG Hamm FamRZ 1996, 223).

*Volljährige Kinder:*

- Die Tochter lehnt jeden Kontakt mit dem todkranken Vater ab, weil sie »vor vielen Jahren einige nicht übermäßig brutale Mißhandlungen ihrer Mutter mit ansehen mußte und dabei – unbeabsichtigt – auch einmal selbst leicht in Mitleidenschaft gezogen wurde« (so OLG Bamberg FamRZ 1992, 717).

- Ein Wirtschaftswissenschaftler will vom Vater Unterhalt für die Dauer seiner Promotion haben, entblödet sich aber nicht, ihm gleichzeitig verächtlich vorzuhalten, er sei mit seinen acht Schuljahren viel zu bescheuert, sich zu den Ausbildungsplänen des Sohnes zu äußern (AG Königstein FamRZ 1992, 594).
- Der Herr Sohn beleidigt nicht nur ständig beide Eltern schwer, sondern fährt auch den väterlichen PKW zu Schrott, verkauft das Wrack und steckt den Erlös in die eigene Tasche (OLG Hamm in FamRZ 1993, 468).
- Der Sohn verschweigt eigene Einkünfte (versuchter Prozeßbetrug, OLG Hamm FamRZ 1995, 958).

**Verzug**

Einfach gesagt: Verzug heißt, daß jemand etwas noch nicht getan hat, was er längst hätte tun müssen.

Im Zivilrecht setzt der Verzug die Mahnung voraus, eine fällige Leistung endlich zu erbringen. Eine »Inverzugsetzung« mit einer wiederholt zu erbringenden Leistung, etwa Unterhalt, hat den Vorteil, daß der Gläubiger, wenn hartnäckig nicht gezahlt wird und deshalb prozessiert werden muß, auch die Raten aus der Vergangenheit (ab Verzug!) einklagen kann. Die dem Polizeirecht entstammende Wendung »Gefahr im Verzug« ist in die Alltagssprache eingesickert. Über die Bedeutung herrschen unklare oder falsche Vorstellungen. Doch erkennt man jeden, der nicht Bescheid weiß, daran, daß er das erste Wort anstelle des dritten betont. Gemeint ist, daß gleich zugegriffen werden darf und muß, weil besondere Risiken eintreten, wenn nicht sofort gehandelt wird. Laien stellen sich schlicht eine Art heraufdämmernder Gefahr vor. Zu was das führen kann, zeigt folgender Dialog aus einem Drehbuch:

*Ein Autonomer hat sich bei seinen Freunden versteckt. Ein Polizist im Kampfanzug kommt mit gezücktem Schlagstock auf die Haustür zugestürmt. Der Hausherr Bingel erscheint.*

Herr Bingel:
Guten Tag. Bingel. Womit kann ich dienen?

Polizist im Kampfanzug:
Aus dem Weg, Mann. *Will sich an ihm vorbeizwängen.*

Herr Bingel:
Sachte, junger Mann. Haben Sie einen Durchsuchungsbefehl?

Polizist im Kampfanzug:
Den brauch' ich nicht. Und jetzt aus dem Weg, sonst kriegen Sie auch noch Ärger, wegen Widerstand.

Herr Bingel:
Sie sind auf dem besten Wege zur Körperverletzung im Amt. Schon mal was von der Unverletzlichkeit der Wohnung gehört? Artikel 13 Grundgesetz, wenn ich nicht irre.

Polizist im Kampfanzug:
Gilt nicht bei Gefahr im Verzug – Sie wollen doch wohl keine gemeinsame Sache mit Politkriminellen machen, hä? Und jetzt weg da.

Herr Bingel:
Gefahr im Verzug, so so. Was soll denn das bedeuten? Wollt' ich immer schon mal wissen.
Polizist im Kampfanzug: *leicht irritiert*
Ich bin nicht zum Diskutieren hier. *Versucht halbherzig, ihn wegzuschieben, und gibt auf.* Gefahr im Verzug – das wissen Sie doch selbst, das heißt ... also, äh, daß die Gefahr bevorsteht, unmittelbar, so wie'n Gewitter im Anzug ist, sag' ich mal.
Herr Bingel:
Also entweder zieht die Gefahr herauf, oder sie verzieht sich. Was denn nun?
Polizist im Kampfanzug:
Das erste natürlich. Machen Sie hier keine Wortklaubereien.
Herr Bingel: *nach hinten*
Leute, sieht hier einer 'ne Gefahr auf uns zukommen?
Die anderen: *(Stimmen aus dem Off)*
Kein bißchen. Alles okay. Total friedlich hier.
Herr Bingel:
Na sehen Sie. Mir scheint, die einzige Gefahr, die hier im Anzug ist, sind Sie. Im Kampfanzug auch noch. Ich sehe Sie als Gefahr heraufdämmern. Dämmert Ihnen das langsam? Am besten beseitigen Sie die Gefahr im Verzug, indem Sie sich verziehen.
Polizist im Kampfanzug:
Ja, wenn Sie das so sehen ... Ich werde das prüfen. Vielleicht ist wirklich keine Gefahr im Verzug mehr ... aber glauben Sie bloß nicht, daß die Sache damit ausgestanden ist. Das kommt alles in meinen Bericht, Herr Bingel. Auch, daß Sie hier Rechtsbrecher schützen. Sie hören noch von uns.
*Trollt sich.*

**VOB**
Vob! Das klingt, als würde jemand gefoppt, und so ist es auch: Die Abkürzung heißt »Verdingungsordnung für Bauleistungen«. Sie besteht aus drei Teilen. Teil A regelt das Verfahren bei der Vergabe von Bauleistungen, Teil B die Allgemeinen Vertragsbedingungen für Bauunternehmer und Bauherren. Teil C enthält nicht enden wollende DIN-Normen. Wichtig für den Häuslebauer ist der Teil B, der sich als großgedrucktes Kleingedrucktes entpuppt und zum Werkvertragsrecht des BGB (§§ 631 ff.) etwa das gleiche Verhältnis hat wie ein Formularmietvertrag des Maus- und Hundaufschlitzervereins zum BGB-Mietrecht (§§ 535 ff.): Die Gewährleistungsfrist ist von fünf Jahren auf zwei verkürzt, die Abnahme wird nur fingiert usw.
Da die VOB kein Gesetz darstellt, muß sie ausdrücklich vereinbart sein. Bauherren sollten sie meiden wie den Heroinerwerb in Malaysia.

**Volljährigenunterhalt**
Volljährige Kinder haben Anspruch auf Ausbildungsunterhalt. Außerhalb der bisweilen verschlungenen Erstausbildung mit sachlichem und zeitlichem Zusammenhang zwischen den Ausbildungsabschnitten (Abitur – Lehre – Studium bis mittlere Unreife – Lehre – Fachabitur – Hochschule)

besteht in der Regel kein Unterhaltsanspruch, insbesondere kein Anspruch auf Rumhänge-Sponsoring. Klartext: Wer nix lernt, soll malochen gehen, und dabei gilt *jede* Arbeit außerhalb des Strafgesetzbuchs und des Rotlichtmilieus als zumutbar. Finanziell fruchtloser Müßiggang wird zwar notfalls vom Sozialamt bezuschußt, jedoch hat letzteres keinen Anspruch darauf, aus übergegangenem Recht gegen die Eltern Geld von diesen zurückzufordern.
→ Sozialhilfe

**Volljährigkeit**
Die elterliche Sorge endet mit der Mündigkeit (Volljährigkeit) des Kindes. Diese tritt mit dem 18. Geburtstag ein. Ab 18 braucht sich also niemand mehr etwas sagen zu lassen. Das Kind ist sich fortan selbst verantwortlich – selbstverständlich im Rahmen seiner wirtschaftlichen Möglichkeiten, und die sind während der Ausbildungsdauer ganz entscheidend durch den Mangel an eigenen Einkünften und die fortwirkende Unterhaltspflicht der Eltern geprägt.
Die Mündigkeitsschwelle ist erst durch das Gesetz zur Neuregelung des Volljährigkeitsalters mit Wirkung vom 1. Januar 1975 auf 18 herabgesetzt worden. Bis 1974 galt man erst mit 21 als volljährig. Das bestechende Argument lautete: Wer Grundwehrdienst leistet und eventuell für diesen Staat seine Knochen hinhält, soll auch mitbestimmen dürfen – was freilich für die jungen Damen gar nicht gegolten hätte. Der wahre Grund für die Herabsetzung der Altersschranke lag wohl darin, daß die sozialliberale Koalition, die seinerzeit am Ruder war, sich von der Erschließung der neuen Jungwählerschicht mehr Stimmen erhoffte.

**Volljuristen**
So nennt man nicht etwa die Teilnehmer am Juristenball um Mitternacht, sondern die harten Burschen und Ladies, die nach knapp zehnjähriger Ausbildung das erste und das zweite juristische Staatsexamen hinter sich gebracht haben, ohne dabei jemals einen Prüfer zu erwürgen.

**Vollstreckungstitel** → Titel

**Vomhundertsatz**
So lautet ein in der Gesetzessprache verwendetes verschroben-vornehmes Synonym für Prozentsatz. Ein hoher Vomhundertsatz der Gesetze, die diesen Begriff enthalten, ist überflüssig.

**Voraus im Erbrecht**
Wer nach kinderloser Ehe Witwe(r) wird und sich in einer Erbengemeinschaft mit Geschwistern, Eltern und Großeltern des verstorbenen Partners wiederfindet, darf den gesamten Haushalt behalten (§ 1932 BGB), braucht sich also nicht mit der Schwiegermutter oder mit Ehemännern von Schwägerinnen (die Angeheirateten reißen den Mund immer am weitesten auf) um die Waschmaschine zu zanken.

**Vorname des Kindes**
In diesem Tummelfeld sadistischer Elternphantasien lassen die Standesämter die Täter frei gewähren, solange der Name das Geschlecht erkennen läßt und keine Zungenknäuel provoziert. Durch dieses Sieb gingen z. B. folgende multikulturelle Kleinodien: Chelsea, Maik, Carmen-Sonja, Leonid-Elvis, Gor-Victoria und Hassan-Dennis – von großdeutschen Horroretiketten wie Wunibald oder Ingvild und ganzen Scharen brandenburgischer Doreens, Jacquelines und Roccos ganz zu schweigen.

**Vorsatz**
Es gibt drei Vorsatzformen: »dolus directus I«, »dolus directus II« und »dolus eventualis« (den sogenannten bedingten Vorsatz).
Beispiel: Der betrogene Ehemann bastelt seinem Nebenbuhler eine Bombe in den Motorradtank (I). Er weiß, daß der Liebhaber seiner Frau das Rad nur mit ihr auf dem Soziussitz benutzt (II) und sie deshalb gleich mit hops geht. Wenn die Bombe dann in der Innenstadt explodiert, nimmt er außerdem den Tod von Passanten *billigend in Kauf* (dolus eventualis).
Das achselzuckende Einverständnis mit den nicht gewünschten Folgen markiert die Grenze zur bewußten → Fahrlässigkeit und damit die zwischen null und etwa zwanzig Jahren Knast.

**Wahrheitspflicht**
Die Wahrheitspflicht stellt einen bunten Fleckenteppich dar. Bei allen, die vor dem Gerichtstresen stehen, ist sie unterschiedlich ausgestaltet:
Der Angeklagte darf lügen, daß sich die Balken biegen (straflose Selbstbegünstigung). Zeugen müssen die Wahrheit sagen und dürfen nichts verschweigen. Dennoch lügen sie trotz drohender Bestrafung wegen Meineids oder vorsätzlicher uneidlicher Falschaussage in aller Regel so, daß abermals die Balken ächzen.
Der Verteidiger muß nicht alles sagen, was er weiß. Aber was er sagt, muß stimmen.
Kläger und Beklagter im Zivilprozeß sind uneingeschränkt wahrheitspflichtig. Wenn sie lügen, sind sie zwar nicht wegen Meineids dran, wohl aber wegen versuchten Prozeßbetrugs.

**Wandlung**
Die Wandlung hat mit Metamorphose und »Stehe auf und wandle« nichts zu tun, sondern bedeutet das Recht des Käufers, die mit Macken behaftete Sache zurückzugeben und sein Geld zurückzuverlangen. Er darf aber auch den Kaufpreis herunterhandeln (Minderung). Wandlung und Minderung sind meist durch AGB zugunsten der Nachbesserung ausgeschlos-

sen. Dieses Treiben hat der BGH aber dahingehend eingeschränkt, daß der Käufer nach drei mißlungenen Flickversuchen eben doch wieder Wandlung verlangen kann.
→ Mangel

**Werkunternehmerpfandrecht**
Dieses Recht für Reparaturbetriebe besagt, daß sich beispielsweise die Autowerkstätte des Kundenwagens bemächtigen darf, wenn der Kunde die Rechnung nicht bezahlt. Über die Frage, wie die Verwertung des Pfandstücks zu geschehen hat, kommen allerdings neun von zehn Juristen schwer ins Grübeln.

**Werkvertrag**
Als Werkvertrag gilt jeder Vertrag, der die Herstellung einer Sache im Kundenauftrag zum Gegenstand hat. Das gilt für Schmuckstück-Sonderanfertigungen ebenso wie für ein ganzes Einkaufszentrum (→ VOB).

**Wertminderung**
Durch einen Verkehrsunfall tritt zwar heute kein technischer, wohl aber ein merkantiler Minderwert ein: Das Auto verkörpert als Unfallwagen einen geringeren Verkehrswert. Diesen Schaden muß die gegnerische Haftpflichtversicherung ersetzen. Ist die Karre allerdings älter als vier Jahre, so steigt ihr Wert durch die Reparatur – aus alt mach neu. Deshalb wird Wertminderung nur bis zum Ende des vierten Zulassungsjahrs gezahlt. Zur Ermittlung der Anspruchshöhe gibt es verschiedene Methoden, nämlich:

1. Ruhkopf-Sahm,
2. Halbgewachs-Berger,
3. Pimaldaumen,
4. Ihrkönntunsmal und
5. Isnich.

Nummer eins wird von den Anwälten bevorzugt, weil sie für die Klienten am meisten bringt (maximal fünf Prozent aus Wiederbeschaffungswert plus Reparaturkosten, deshalb auch Rumtopf-Sahne genannt). Nummer zwei lieben die Sonntagsfahrer, weil man 30 Prozent der Reparaturkosten dazubekommt, wenn man weniger als 20.000 Kilometer verfahren hat. Nummer drei ist die Domäne der Kfz-Sachverständigen, die in ihre Gutachten irgendeinen Betrag hineinschreiben, der regelmäßig das Resultat gröbster Daumenpeilung ist. Nummer drei leitet sich von Nummer vier ab, und zwar der Methode der Richter, die keine Lust haben, sich mit dem Rechenwerk der Anwälte auseinanderzusetzen, und deshalb auf die Daumenpeilung der Sachverständigen Bezug nehmen. Nummer fünf schließlich beschreibt die Taktik der Versicherungen, die zu dem Dogma neigen, daß alle Autos schon vor dem Unfall Schrotthaufen waren, bei denen keine Wertminderung mehr eintreten kann, schon gar nicht nach einer Reparatur.

**Wertwerbung**
Wertwerbung ist der schwarze Verdacht, der an jedem Gebührenerlaß

oder -nachlaß von Architekten, Anwälten, Steuerberatern etc. klebt: Ein Anwalt spielt etwa den billigen Jakob, um ins Geschäft zu kommen – was einen ruinösen Preiswettbewerb unter seinen Kollegen zur Folge haben könnte, obwohl die BRAGO (Bundesrechtsanwaltsgebührenordnung) sehr starre Gebührensätze vorgibt. Unterhalb der gesetzlichen Gebühren darf der Rechtsanwalt deshalb nur bei Freunden, Verwandten und Bedürftigen bleiben.

**Wohnung**

*Wohnung nach der Trennung:*
Wenn die Ehe in einen beiderseitigen Überdruß mündet, aber die Lage nicht so dramatisch ist, daß einer von beiden die Last des Aus- und Umzugs auf sich nehmen möchte, wird die Wohnung zum Zankapfel. Der gleiche Fall tritt ein, wenn der Ehegatte, der die Kinder bei sich behalten möchte, trennungswillig ist, aber auf dem Wohnungsmarkt schlechte Chancen hat und den Auszug deshalb verständlicherweise lieber dem Partner überlassen möchte. Am Ende zieht derjenige aus, dessen Leidensdruck überwiegt. Regelrecht zwingen kann man den anderen zum Auszug nur bei »schwerer Härte« (§ 1361b I BGB). Eine solche Härte liegt konkret vor, wenn der Mann Frau und Kinder verprügelt, fremde Frauen in die Wohnung einschleppt, ständig betrunken ins Bett uriniert usw. Oder wenn die Eheleute sich ständig handgreiflich vor den Kindern streiten. Unterhalb der Horrorschwelle ist nichts zu machen.

*Wohnung nach der Scheidung:*
Eine Änderung der Wohnungszuweisung für die Zeit nach der Scheidung gibt es fast nur dann, wenn dem hinausgewiesenen Partner die Wohnung gehört (Eigentumswohnung oder Haus). Dann muß die Restfamilie sich nach etwas anderem umsehen.

**Wohnungsrenovierungskosten** → Schönheitsreparaturen

## Zählkindervorteil

Zählkindervorteil ist der Kindergeldvorteil, der sich durch die progressive Kindergeldstaffelung ergibt, → Kindergeld: Je mehr Kinder man hat, desto mehr Geld schiebt der Staat rüber, jedenfalls bis zum vierten Kind. Solange die Eheleute einigermaßen friedlich zusammenleben, ist der Vorteil naturgemäß ein gemeinsamer, d. h., er kommt der ganzen Familie zugute.

Leben die Eltern aber getrennt und sind die Kinder verteilt worden oder hat einer von beiden weitere Kinder aus einer neuen Verbindung, so genießt der Elternteil mit den jüngeren Kindern den Kindergeldvorteil im engeren Sinne: Er bekommt wegen der Progression für die bei ihm lebenden Sprößlinge viel mehr Kindergeld als der Geschiedene mit den älteren Kindern. Hier gelten zwei eherne Grundsätze (ab BGH NJW 1981, 170 und 1981, 650, 651):

- »Der Zählkindervorteil aus unterschiedlichen Verbindungen ist nicht auszugleichen.«
  Also: Wer aus erster Ehe vier Kinder hat und in zweiter Ehe noch eines dazubekommt, kassiert für letzteres die vollen 350 DM vom Staat und braucht davon niemandem etwas abzugeben, obwohl es sich eigentlich um das erste Kind aus der Verbindung handelt.
- »Bei Kindern aus derselben Ehe wird der Zählkindervorteil ausge-

glichen«: Jeder soll im Ergebnis gleich viel staatliches Kindergeld bekommen.

Und diesen Ausgleich führt man, um sich nicht zu verheddern, am besten so durch, wie im anschließenden Beispielfall mit den ab 1997 gültigen Kindergeldbeträgen demonstriert.

| | *Mutter* | *Vater* | *Summe* |
|---|---|---|---|
| 1. Kind | 220 DM | | |
| 2. Kind | 220 DM | | |
| 3. Kind | | 300 DM | |
| 4. Kind | | 350 DM | |
| 5. Kind (aus zweiter Ehe der Frau): 350 DM (bleibt für den Vorteilsausgleich außer Betracht) | | | |
| | 440 DM | 650 DM | 1.090 DM |

Vom Gesamtaufkommen stehen jedem Elternteil 50 Prozent zu, also jeweils 545 DM.

Daher muß der Vater an die Mutter abgeben als Ausgleich des Zählkindervorteils: 650 DM minus 545 DM = 105 DM.

Da nun beide gleich viel vom Kindergeld haben, also pro Nase 1.090 : 4 = 272,50 DM, kann jeder vom Kindesunterhalt für die jeweils nicht bei ihm wohnenden Kinder die Hälfte davon, also 136,25 DM, in Abzug bringen.

Bringt ein Elternteil ein *nicht gemeinschaftliches älteres Zählkind* in die Ehe ein und wird diese Ehe später geschieden, so wird der Zählkindervorteil bezüglich der gemeinsamen Kinder durch eine fiktive Rechnung ausgeglichen: Man rechnet dann auf der Grundlage der Beträge, die sich ergäben, wenn das erste Kind überhaupt nicht auf der Welt wäre.

**Zeitunterhalt**

Der Zeitunterhalt ist der Kern der am 1. April 1986 in Kraft getretenen Reform des Unterhaltsrechts.

Nach § 1573 V BGB können die Ansprüche auf

- Unterhalt wegen Arbeitslosigkeit,
- Aufstockungsunterhalt und
- auf Unterhalt wegen Arbeitslosigkeit nach Kinderbetreuung, Krankheit oder Fortbildung

zeitlich begrenzt werden, und zwar dann, wenn – wie das Gesetz treuherzig sagt – ein »zeitlich unbegrenzter Unterhaltsanspruch unbillig wäre«.

Allerdings verdichtet sich die Gesetzessprache gleich darauf zu einer seltenen Klarheit: Wenn die unterhaltsberechtigte Frau noch ein Kind zu versorgen hat, und das ist beim → Aufstockungsunterhalt durchaus häufig der Fall, existiert keine zeitliche Begrenzung. Natürlich kommt dann aber die zeitliche Schranke durch die Hintertür: Der Betreuungsunterhalt endet mit dem 16. Geburtstag des jüngsten Kindes. Wenn sich dann kein anderer Unterhaltsanspruch anschließt, kann und muß die geschiedene Frau vollschichtig erwerbstätig sein, mit der Folge, daß dann oft keine Bedürftigkeit mehr besteht. Wenn sie dann doch besteht, ist für eine zeitliche Begrenzung kein Raum, denn bei langen Ehen (mit mehr als zehn bis 15 Jahren Dauer) kommt eine zeitliche Begrenzung überhaupt nicht in Betracht.

Der Anwendungsbereich der Vorschrift ist also sehr eingeschränkt.
Ein Experte nannte die Vorschrift daher eine »leere Generalklausel, die pathetisch allen viel verspricht und in concreto wenig gibt«.
Im Klartext: Der Zeitunterhalt gilt fast nur für kinderlose Doppelverdiener-Kurzehen.
Als Ehedauer zählt hier übrigens, damit es keine Mißverständnisse gibt, die Zeitspanne zwischen Hochzeit und Zustellung des Scheidungsantrags.

**Zerrüttungsprinzip**
Die Begriffe »Zerrüttung« sowie »Zerrüttungsprinzip« kommen im gesamten Gesetz nicht vor. Das Gesetz spricht vom Scheitern, und bei genauer Betrachtungsweise ist Scheitern mehr als Zerrüttung.
Als gescheitert gilt die Ehe, wenn
- die Eheleute ein Jahr getrennt leben und beide geschieden werden wollen,
- beide drei Jahre getrennt leben und einer von beiden die Scheidung will,
- einer von beiden einen Grund für eine unzumutbare Härte gesetzt hat.

→ Schuldprinzip

**Zeugen**
Der prominente Autor und Nichtjurist Ephraim Kishon hat einmal gesagt, daß Zeugen insofern in einer mieseren Position seien als die Angeklagten, da sie genauso ausgequetscht, aber nicht freigesprochen werden könnten. Er irrt. Zeugenaussagen sind oft Gegenstand von Strafprozessen wegen Aussagedelikten (Meineid etc.), und hier werden die Angeklagten öfter freigesprochen, als sie es verdienen.
→ Lügner

**Zinsen**
Der Prozeßzins, also die Verzinsung der Klageforderung im Zivilprozeß, die man vom Beklagten verlangen kann, beträgt vier Prozent. Mehr bekommt man nur, wenn man selbst einen höheren Zinssatz an die Bank zahlen muß.
Die Zinsen selbst sind der Verzinsung nicht zugänglich: Zinseszinsen nämlich dürfen interessanterweise nur Banken erheben.

**Zivilprozeß**
So bezeichnet man nicht einen Prozeß, in dem das Tragen von Uniformen verboten ist, sondern einen sogenannten bürgerlichen Rechtsstreit, in dem ein Bürger etwas vom anderen will und einklagt.

**Zugewinnausgleich**
Mit dem Zugewinnausgleich, geregelt in ganzen 28 Paragraphen (§§ 1373–1390 BGB), verhält es sich wie mit vielen anderen Dingen des täglichen Lebens – der englischen Grammatik, dem Sex oder dem Blockflötespiel: Die Grundzüge sind simpel, doch dann beginnen die Probleme.
Der Zugewinnausgleich funktioniert grundsätzlich wie die zwei kommunizierenden Röhren, die man aus dem Physikunterricht kennt: Zwei Glas-

röhren sind unterschiedlich hoch mit Wasser gefüllt; unten besteht zwischen beiden eine Querverbindung mit einer Sperre. Löst man die Sperre, pendelt sich sofort ein gleicher Pegelstand in beiden Röhren ein. Beim Zugewinnausgleich sieht das so aus: Wer während der Ehe einen höheren Vermögenszuwachs zu verzeichnen hat, muß dem anderen mit Rechtskraft des Scheidungsurteils die Hälfte der Differenz zwischen beiden »Zugewinnmassen« abgeben.
Der Zugewinn selbst definiert sich als die Vermögensmehrung zwischen → *Anfangsvermögen* und *Endvermögen.* Als Anfangsvermögen zählt das, was jeder der Ehegatten am Tage der standesamtlichen Trauung, frühestens aber am 1. Juli 1958 besaß. Das Endvermögen ist – von wenigen Ausnahmen abgesehen – das, was jeder Ehegatte am Tage der Zustellung des Scheidungsantrags hat.
Zum Ausgleich das folgende einfache Beispiel:

| | *Mann* | *Frau* |
|---|---|---|
| Anfangsvermögen | 0 DM | 20.000 DM |
| Endvermögen | 10.000 DM | 80.000 DM |
| Zugewinn | 10.000 DM | 60.000 DM |
| Differenz beider Zugewinne | | 50.000 DM |
| Zugewinnausgleichsanspruch des Mannes | | 25.000 DM |

**Zurückschneiden von Bäumen und Sträuchern**
Wer sich an die hohe Kunst des Zurückschneidens von Obstbäumen nicht herantraut, hat immerhin Gelegenheit, mit Wollust alle Äste und Zweige abzuschneiden, die über die Grundstücksgrenze ragen – denn da geht es nicht um Fruchtbarkeit und sonstige gärtnerische Belange, sondern ums Prinzip. Man muß nur den Nachbarn vorher unter Fristsetzung auffordern, seine Äste selbst abzuschneiden.

**Zurüstungen**
Vorsichtsmaßnahmen zur Vermeidung eigenen strafbaren Verhaltens. Beispiel: Abgeben des Autoschlüssels vor dem Zechen.

**Zusammenveranlagung, steuerliche**
→ Splittingvorteil

**Zuschlag**
Der Zuschlag hat nichts mit Körperverletzung zu tun, sondern mit dem Erwerb eines Grundstücks im Rahmen der Zwangsversteigerung (»Zum ersten, zum zweiten und zum« – buff – »dritten«).
Angenommen, das Grundstück hat einen vom Versteigerungsgericht aufgrund des eingeholten Sachverständigengutachtens festgesetzten Verkehrswert von 300.000 DM.
Weiter setzt sich beispielsweise das → geringste Gebot aus 30.000 DM bestehenbleibenden Rechten und 5.000 DM geringstem Bargebot zusammen.
In der Verhandlung erscheint nun ein Bieter, der ein Bargebot über 10.000 DM erteilt, 1.000 DM Sicherheit auf den Tisch legt und damit – zusammen

mit dem geringsten Gebot – für insgesamt 40.000 DM (also 13,33 Prozent des Verkehrswerts) den Zuschlag haben will.
Bekommt er das Grundstück? Nein. Es gilt nämlich in der Teilungsversteigerung die Fünf-Zehntel-Grenze und in der Forderungsversteigerung die Sieben-Zehntel-Grenze. Das bedeutet im Klartext:
Das höchste Bargebot und der Kapitalwert der bestehenbleibenden Rechte müssen *zusammen* mindestens fünf Zehntel bzw. sieben Zehntel des Verkehrswerts des Grundstücks erreichen. Der Gesetzgeber will nämlich verständlicherweise verhindern, daß Grundstücke zu Lasten der bisherigen Eigentümer (bei der Vollstreckungsversteigerung auch zu Lasten der nachrangigen Gläubiger) »für 'n Appel und 'n Ei« über den Tisch gehen.
In unserem Beispiel muß aus dem geringsten Bargebot also ein »bares Meistgebot« von mindestens 120.000 DM werden, wenn der Zuschlag erreicht werden soll (30.000 DM bestehenbleibende Rechte + 120.000 Meistgebot = 150.000 DM = Hälfte des Verkehrswerts von 300.000 DM).
Erst wer unter – zwangsläufiger – Beachtung des geringsten Gebots, der Bietersicherheit (zehn Prozent des Bargebots) und der Fünf-Zehntel- bzw. Sieben-Zehntel-Grenze schließlich das höchste Bargebot (bare Meistgebot) abgegeben hat, bekommt den Zuschlag und damit das Eigentum am ersteigerten Grundstück.

**Zuständigkeit**
Die Zuständigkeitsfrage stellt das erste und beliebteste Mittel des Richters dar, einen Prozeß mit wenig Arbeit loszuwerden. Mit nichts anderem kennen sich die Richter deshalb so gut aus. Wenn sie sich örtlich, sachlich oder funktional nicht zuständig fühlen – und kein Gefühl stellt sich bei ihnen schneller ein –, sorgen sie für einen Verweisungsantrag oder weisen die Klage durch ein sogenanntes Prozeßurteil (also allein aus formalen Gründen) ab.
Beides macht wenig Arbeit und bringt eine Nummer im Pensenschlüssel, aus dem sich ergibt, wie viele sogenannte Nummern ein Richter zu erledigen hat.

**Zustimmung zur Mieterhöhung** → Mieterhöhungsverfahren

**Zwangsversteigerung**
→ geringstes Gebot
→ Zuschlag

**Zwingendes Recht**
Dazu gehören die Vorschriften innerhalb des Zivilrechts, die im Gegensatz zum sogenannten dispositiven Recht unabdingbar sind, also nicht durch abweichende Vertragsklauseln oder AGB für interessierte Kreise geschönt werden können.
Zu den klassischen Beispielen gehören das gesamte Verfahrensrecht sowie der Kündigungsschutz für Mieter (§ 564 VI BGB).

# Abkürzungen

| | |
|---|---|
| AfA | Abschreibung für Abnutzung |
| AFG | Arbeitsförderungsgesetz |
| AGB | Allgemeine Geschäftsbedingungen |
| BAG | Bundesarbeitsgericht |
| BGB | Bürgerliches Gesetzbuch |
| BGH | Bundesgerichtshof |
| BK | Bedarfskontrollbetrag |
| BRAGO | Bundesrechtsanwaltsgebührenordnung |
| BVerfG | Bundesverfassungsgericht |
| EheG | Ehegesetz |
| EStG | Einkommensteuergesetz |
| EStGDV | Durchführungsverordnung zum EStG |
| FamRZ | Zeitschrift für das gesamte Familienrecht |
| FGG | Gesetz über die freiwillige Gerichtsbarkeit |
| GG | Grundgesetz |
| GRV | Gesetzliche Rentenversicherung |
| HKiEntÜ | Haager Kindesentführungsübereinkommen |
| KBA | Kraftfahrtbundesamt |
| KSchG | Kündigungsschutzgesetz |
| LG | Landgericht |
| LVA | Landesversicherungsanstalt |

| | |
|---|---|
| MHRG | Gesetz zur Regelung der Miethöhe |
| MPU | Medizinisch-Psychologische Untersuchungsstelle |
| NJW | Neue Juristische Wochenschrift |
| OLG | Oberlandesgericht |
| PKH | Prozeßkostenhilfe |
| PVV | Positive Vertragsverletzung |
| SGB | Sozialgesetzbuch |
| StGB | Strafgesetzbuch |
| StPO | Strafprozeßordnung |
| StVO | Straßenverkehrsordnung |
| StVZO | Straßenverkehrszulassungsordnung |
| VOB | Verdingungsordnung für Bauleistungen |
| VWL | Vermögenswirksame Leistungen |
| VZR | Verkehrszentralregister (Flensburger Kartei) |
| ZPO | Zivilprozeßordnung |
| ZSEG | Gesetz zur Entschädigung von Zeugen und Sachverständigen |